Système de transmission MIMO associé à une modulation OFDM

Borhen Dridi

Système de transmission MIMO associé à une modulation OFDM

Etude et simulation

Éditions universitaires européennes

Mentions légales / Imprint (applicable pour l'Allemagne seulement / only for Germany)
Information bibliographique publiée par la Deutsche Nationalbibliothek: La Deutsche Nationalbibliothek inscrit cette publication à la Deutsche Nationalbibliografie; des données bibliographiques détaillées sont disponibles sur internet à l'adresse http://dnb.d-nb.de.
Toutes marques et noms de produits mentionnés dans ce livre demeurent sous la protection des marques, des marques déposées et des brevets, et sont des marques ou des marques déposées de leurs détenteurs respectifs. L'utilisation des marques, noms de produits, noms communs, noms commerciaux, descriptions de produits, etc, même sans qu'ils soient mentionnés de façon particulière dans ce livre ne signifie en aucune façon que ces noms peuvent être utilisés sans restriction à l'égard de la législation pour la protection des marques et des marques déposées et pourraient donc être utilisés par quiconque.

Photo de la couverture: www.ingimage.com

Editeur: Éditions universitaires européennes est une marque déposée de
Südwestdeutscher Verlag für Hochschulschriften GmbH & Co. KG
Dudweiler Landstr. 99, 66123 Sarrebruck, Allemagne
Téléphone +49 681 37 20 271-1, Fax +49 681 37 20 271-0
Email: info@editions-ue.com

Produit en Allemagne:
Schaltungsdienst Lange o.H.G., Berlin
Books on Demand GmbH, Norderstedt
Reha GmbH, Saarbrücken
Amazon Distribution GmbH, Leipzig
ISBN: 978-613-1-59665-0

Imprint (only for USA, GB)
Bibliographic information published by the Deutsche Nationalbibliothek: The Deutsche Nationalbibliothek lists this publication in the Deutsche Nationalbibliografie; detailed bibliographic data are available in the Internet at http://dnb.d-nb.de.
Any brand names and product names mentioned in this book are subject to trademark, brand or patent protection and are trademarks or registered trademarks of their respective holders. The use of brand names, product names, common names, trade names, product descriptions etc. even without a particular marking in this works is in no way to be construed to mean that such names may be regarded as unrestricted in respect of trademark and brand protection legislation and could thus be used by anyone.

Cover image: www.ingimage.com

Publisher: Éditions universitaires européennes is an imprint of the publishing house
Südwestdeutscher Verlag für Hochschulschriften GmbH & Co. KG
Dudweiler Landstr. 99, 66123 Saarbrücken, Germany
Phone +49 681 3720-310, Fax +49 681 3720-3109
Email: info@editions-ue.com

Printed in the U.S.A.
Printed in the U.K. by (see last page)
ISBN: 978-613-1-59665-0

Remerciements

J'adresse mes plus sincères remerciements à Monsieur **Abdelaziz SAMET** pour son encadrement et ses conseils judicieux. J'ai autant apprécié ses compétences techniques que ses qualités humaines.

Je tiens particulièrement à exprimer ma reconnaissance à Monsieur **Karim LOUKIL** ingénieur principal au CERT pour sa sympathie et sa générosité à m'avoir fait partager son expérience et ses grandes compétences techniques et m'avoir accueilli durant toute la période de ma mémoire.

Je remercie également Monsieur **Fethi CHOUBENI** qui m'a fait l'honneur de présider le jury de la soutenance et Monsieur **Noureddine HAMDI** d'avoir accepté de rapporter ce travail.

J'exprime par ailleurs toute ma sympathie à tous mes enseignants à l'ENIT pour la qualité de la formation que j'ai reçu pendant mon mastère et tous les membres de l'unité de recherche Composants et Systèmes Electroniques (UR_CSE) à l'école Polytechnique de Tunisie (EPT).

Il me serait impossible de terminer sans adresser une pensée chaleureuse à toute ma famille, et à tous mes amis.

Table des matières

Liste des figures

Liste des tableaux

Introduction générale

Depuis quelques années les transmissions numériques sans fil sont en pleine expansion avec les satellites, la radio et la télévision numériques, la domotique et bien sûr les téléphones mobiles. Les ressources en canaux de transmission sont de plus en plus saturées, en particulier dans la bande de la téléphonie mobile. Ce phénomène est accru par l'arrivée de nouveaux services tels que l'accès à Internet et la transmission d'images via les téléphones mobiles. Ces services demandent des débits de plus en plus importants, et comme le nombre d'usagers continue d'augmenter, la quantité d'information transmise croit très rapidement.

Une solution pour pallier cette saturation des ressources consiste à améliorer l'efficacité spectrale des communications, c'est à dire le débit utile par unité de bande occupée. Cela peut se faire au niveau du type de signal émis, avec des modulations et/ou des codages plus efficaces. Toutefois les systèmes actuels sont déjà performants et la limite théorique donnée par la capacité de Shannon reste toujours insuffisante pour les besoins futurs.

Une autre solution est étudiée depuis quelques années pour améliorer la capacité des canaux dans les environnements sujets à des trajets multiples. Il s'agit d'une architecture de transmission basée sur l'utilisation de plusieurs antennes à l'émission et à la réception. Ces architectures, dites MIMO (Multiple Input Multiple Output), ont été développées de manière significative par les laboratoires Bell en 1997. Elles permettent d'atteindre à la fois de très hautes efficacités spectrales et de lutter efficacement contre les évanouissements du signal. L'idée générale est de tirer profit de la dimension spatiale du canal et d'exploiter les trajets multiples plutôt que de les supprimer.

Dans le cas de canaux sélectifs en fréquence, tels que les canaux radio en milieu urbain ou confiné ainsi que les liaisons filaires à haut débit, les modulations multi porteuses permettent de réduire les interférences entre symboles dues aux trajets multiples des signaux. La modulation OFDM (*Orthogonal Frequency Division Multiplexing*) est définie comme étant une technique de modulation multi porteuse permettant de transmettre avec plus d'efficacité des données sur des canaux multi trajets grâce à la simplicité de l'égalisation du canal et de réduire aussi les interférences inter et intra symboles en ajoutant un intervalle de garde alors que l'utilisation de la transformée de Fourier rapide assure que les porteuses produites sont orthogonales, ce qui se traduit avec une occupation optimale de la bande de fréquence allouée.

L'utilisation d'antennes multiples à l'émission et à la réception associées à une modulation multi-porteuses est alors une des techniques les plus efficaces pour améliorer l'efficacité spectrale d'une communication radio. Cette solution très simple et très efficace consiste à diviser la large bande passante du système en sous bandes étroites indépendantes grâce à la modulation OFDM où un récepteur MIMO travaillant indépendamment dans chaque sous bande. Nous étudions pour cela cette association en simulant un système de transmission MIMO-OFDM et en analysant ces performances ainsi que les paramètres influant sur la qualité de transmission.

Ce rapport est organisé en cinq chapitres :

Dans le premier chapitre nous citons les différentes catégories des réseaux sans fil et aussi les diverses technologies existantes. Les techniques de modulations numériques comme les modulations par déplacement d'amplitude, de phase et de fréquence et la modulation d'amplitude en quadrature sont également étudiées. Nous détaillons ensuite les caractéristiques des canaux à trajets multiples et les différents types de diversité existants.

Dans le second chapitre nous s'intéressons bien évidemment à une autre modulation appelée OFDM définie comme une technique de modulation multi porteuse basée sur le multiplexage fréquentiel par des porteuses orthogonales. Nous détaillons ainsi son principe de mise en œuvre et la structure de la chaîne de transmission complète. Nous décrivons ensuite les différents critères permettant d'évaluer la performance du système étudié et nous citons enfin les avantages et les inconvénients liés à cette modulation.

Dans le troisième chapitre nous avons présenté les différents systèmes de transmission multi antennes notant le système MISO, SIMO et MIMO. L'intérêt et le principe de l'association MIMO-OFDM est ensuite détaillé et nous décrivons enfin la procédure de l'analyse de la performance du système étudié.

Le quatrième chapitre est consacré à la simulation du système de communication OFDM modélisé dans le deuxième chapitre en utilisant le logiciel de conception avancée ADS. Ce travail nous permet donc d'évaluer la performance du système simulé.

Le dernier chapitre a pour objectif l'évaluation du rendement des systèmes MIMO-OFDM en analysant l'influence des différents paramètres agissant sur la qualité de transmission. L'inconvénient de l'utilisation de la technique de détection V-BLAST est étudié et une solution est proposée pour contourner ce problème.

Chapitre 1

Généralités sur les transmissions numériques

1- Introduction
2- Les réseaux sans fil
3- Les canaux à trajets multiples
4- Les différentes techniques de modulations numériques
5- La notion de diversité
6- Conclusion

1-1. Introduction

Ce présent chapitre a pour but d'introduire la notion des réseaux sans fil en précisant tout d'abord les différents supports de transmission utilisés, les catégories des réseaux sans fil ainsi que les principales technologies existantes. La modulation permet d'adapter le signal à émettre au canal de transmission, les différentes techniques de modulations numériques seront alors présentées. Le canal de transmission en communication sans fil est caractérisé par sa sélectivité en fréquences et sa non stationnarité. Pour combattre les effets de l'utilisation d'un tel canal, nous introduisons la notion de diversité qui peut être soit temporelle, fréquentielle ou spatiale.

1-2. Les réseaux sans fil

Un réseau sans fils [1] (en anglais *Wireless Network*) est, comme son nom l'indique, un réseau dans lequel au moins deux terminaux peuvent communiquer sans liaison filaire. Grâce aux réseaux sans fils, un utilisateur a la possibilité de rester connecté tout en se déplaçant dans un périmètre géographique plus ou moins étendu, c'est la raison pour laquelle on entend parler de "mobilité".

Les réseaux sans fils sont basés sur une liaison utilisant des ondes radioélectriques (radio et infrarouges) en lieu et place des câbles habituels. Il existe plusieurs technologies se distinguant d'une part par la fréquence d'émission utilisée ainsi que le débit et la portée des transmissions.

Les réseaux sans fils permettent de relier très facilement des équipements distants d'une dizaine de mètres à quelques kilomètres. De plus l'installation de tels réseaux ne demande pas de lourds aménagements des infrastructures existantes comme c'est le cas avec les réseaux filaires (creusement de tranchées pour acheminer les câbles, équipements des bâtiments en câblage, goulottes et connecteurs), ce qui a valu un développement rapide de ce type de technologies.

En contrepartie se pose le problème de la réglementation relative aux transmissions radioélectriques. En effet, les transmissions radioélectriques servent pour un grand nombre d'applications (militaires, scientifiques, amateurs, ...), mais sont sensibles aux interférences, c'est la raison pour laquelle une réglementation est nécessaire dans chaque pays afin de définir les plages de fréquence et les puissances auxquelles il est possible d'émettre pour chaque catégorie d'utilisation.

Pour les réseaux sans fil, il existe deux supports de transmission :

- **Les liaisons infrarouges :**

Dans ce cas les différentes stations sont généralement reliées par des liaisons point à point. Les zones géographiques couvrent une surface relativement faible, généralement de la taille d'une pièce, car les différents équipements doivent en permanence être en regard les uns par rapport aux autres. Un équipement principal gère en général l'ensemble du réseau et est relié aux autres cellules par un réseau filaire classique ou par voie hertzienne.

Ces liaisons sont très efficaces pour les distances très courtes mais elles sont très sensibles aux perturbations, notamment à la lumière, ce qui rend difficile leur utilisation pour des applications réseau demandant une bonne qualité de service.

- **Les liaisons hertziennes :**

Elles permettent d'acheminer des informations très facilement par la voie des airs. Les différentes stations sont reliées soit directement, soit par l'intermédiaire d'une borne, appelée point d'accès, qui gère l'ensemble des terminaux mobiles de sa zone géographique. Cette technique a l'avantage de pouvoir diffuser les informations dans toute une zone géographique afin que chaque machine qui y est située puisse les recevoir. Les liaisons radio sont extrêmement sensibles aux problèmes de sécurité et doivent impérativement faire l'objet de précautions particulières.

On distingue habituellement plusieurs catégories de réseaux sans fils, selon le périmètre géographique offrant une connectivité (appelé zone de couverture) :

1-2-1 : Les réseaux locaux sans fils (WLAN)

Le réseau local sans fils (noté **WLAN** pour *Wireless Local Area Network*) est un réseau permettant de couvrir l'équivalent d'un réseau local d'entreprise, soit une portée d'environ une centaine de mètres. Il permet de relier entre eux les terminaux présents dans la zone de couverture. Ils existent plusieurs technologies concurrentes :

a) WiFi (ou IEEE 802.11)

Le réseau WiFi (pour *Wireless Fidelity*) est un réseau répondant à la norme *IEEE 802.11 (ISO/IEC 8802-11)* qui est un standard international décrivant les caractéristiques d'un réseau local sans fil (WLAN).

Grâce au WiFi il est possible de créer des réseaux locaux sans fil à haut débit pour peu que la station à connecter ne soit pas trop distante par rapport au point d'accès. Dans la pratique le WiFi permet de relier des ordinateurs portables, des machines de bureau, des assistants personnels (PDA) ou tout type de périphérique à une liaison haut débit (11 Mbps ou supérieur) sur un rayon de plusieurs dizaines de mètres en intérieur (généralement entre une vingtaine et une cinquantaine de mètres) à plusieurs centaines de mètres en environnement ouvert.

La norme 802.11 s'attache à définir les couches basses du modèle OSI pour une liaison sans fil utilisant des ondes électromagnétiques, c'est-à-dire :

-   la couche physique proposant trois types de codage de l'information. Elle définit la modulation des ondes radioélectriques et les caractéristiques de la signalisation pour la transmission de données
-   La couche liaison de données, constitué de deux sous-couches : le contrôle de la liaison logique (Logical Link Control, ou LLC) et le contrôle d'accès au support (Media Access Control, ou MAC). Elle définit l'interface entre le bus de la machine et la couche physique et les règles de communication entre les différentes stations

Les différentes normes *WiFi* sont :

- La norme 802.11a (baptisé *WiFi5*) permet d'obtenir un haut débit (54Mbps théoriques, 30 Mbps réels). Pour ce faire, elle spécifie 8 canaux radio dans la bande de fréquence des 5 GHz.

- La norme 802.11b est la norme la plus répandue actuellement. Elle propose un débit théorique de 11 Mbps (6 Mbps réels) avec une portée pouvant aller jusqu'à 300 mètres dans un environnement dégagé. La plage de fréquence utilisée est la bande des 2.4 GHz, avec 3 canaux radio disponibles.

- La norme 802.11c n'a pas d'intérêt pour le grand public. Il s'agit uniquement d'une modification de la norme 802.11d afin de pouvoir établir un pont avec les trames 802.11 (niveau liaison de données).

- La norme 802.11d est un supplément à la norme 802.11 dont le but est de permettre une utilisation internationale des réseaux locaux 802.11. Elle consiste à permettre aux différents équipements d'échanger des informations sur les plages de fréquence et les puissances autorisées dans le pays d'origine du matériel.

- La norme 802.11g offre un haut débit (54 Mbps théoriques, 30 Mbps réels) sur la bande de fréquence des 2.4 GHz. La norme 802.11g a une compatibilité ascendante avec la norme 802.11b, ce qui signifie que des matériels conformes à la norme 802.11g peuvent fonctionner en 802.11b

b) HiperLAN2

HiperLAN2 (*High Performance Radio LAN 2.0*) est une norme européenne élaborée par l'ETSI (*European Telecommunications Standards Institute*). HiperLAN 2 permet d'obtenir un débit théorique de 54 Mbps sur une zone d'une centaine de mètres dans la gamme de fréquence comprise entre 5 150 et 5 300 MHz.

1-2-2 : Les réseaux personnels sans fils (WPAN)

Le réseau personnel sans fils (appelé également réseau individuel sans fils ou réseau domestique sans fils et noté **WPAN** pour *Wireless Personal Area Network*) concerne les réseaux sans fils d'une faible portée : de l'ordre de quelques dizaines mètres. Ce type de réseau sert généralement à relier des périphériques (imprimante, téléphone portable, appareils domestiques, ...) ou un assistant personnel (PDA) à un ordinateur sans liaison filaire ou bien à permettre la liaison sans fils entre deux machines très peu distantes. Ils existent plusieurs technologies utilisées pour les WPAN :

a) Bluetooth [1]:

Le Bluetooth permet d'obtenir des débits théoriques de l'ordre de 1Mbps pour une portée maximale d'une trentaine de mètres.

Bluetooth, connue aussi sous le nom *IEEE 802.15.1*, possède l'avantage d'être très peu gourmande en énergie, ce qui le rend particulièrement adaptée à une utilisation au sein de petits périphériques. Il définit en effet 3 classes d'émetteurs proposant des portées différentes en fonction de leur puissance d'émission :

Classe	Puissance (Affaiblissement)	Portée
I	100 mW (20 dB)	100 mètres
II	2,5 mW (4 dB)	15-20 mètres
III	1 mW (0 dB)	10 mètres

Tableau 1.1. Les 3 classes d'émetteurs de la technologie Bluetooth

La technologie Bluetooth utilise les ondes radio (bande de fréquence des 2.4 GHz) pour communiquer, si bien que les périphériques ne doivent pas nécessairement être en liaison visuelle pour communiquer ainsi qu'ils sont capables de se détecter sans intervention de la part de l'utilisateur pour peu qu'ils soient à portée l'un de l'autre.

Le standard Bluetooth se décompose en différentes normes :

- IEEE 802.15.1 définit le standard Bluetooth 1.x permettant d'obtenir un débit de 1Mbit/sec;
- IEEE 802.15.2 propose des recommandations pour l'utilisation de la bande de fréquence 2.4 GHz ; (fréquence utilisée également par le WiFi). Ce standard n'est toutefois pas encore validé
- IEEE 802.15.3 est un standard en cours de développement visant à proposer du haut débit (20 Mbit/s) avec la technologie Bluetooth
- IEEE 802.15.4 est un standard en cours de développement pour des applications Bluetooth à bas débit.

b) HomeRF

La technologie HomeRF (pour *Home Radio Frequency*) propose un débit théorique de 10 Mbps avec une portée d'environ 50 à 100 mètres sans amplificateur

c) ZigBee :

La technologie ZigBee (aussi connue sous le nom *IEEE 802.15.4*) permet d'obtenir des liaisons sans fil à très bas prix et avec une très faible consommation d'énergie, ce qui la rend particulièrement adaptée pour être directement intégrée dans de petits appareils électroniques (appareils électroménagers, hi fi, jouets, ...).

1-2-3 : Les réseaux métropolitains sans fils (WMAN)

Le réseau métropolitain sans fils (**WMAN** pour *Wireless Metropolitan Area Network*) est connu sous le nom de Boucle Locale Radio (*BLR*). Les WMAN sont basés sur la norme *IEEE 802.16*. La boucle locale radio offre un débit utile de 1 à 10 Mbit/s pour une portée de 4 à 10 kilomètres, ce qui destine principalement cette technologie aux opérateurs de télécommunication.

1-2-4 : Les réseaux étendus sans fils (WWAN)

Le réseau étendu sans fils (**WWAN** pour *Wireless Wide Area Network*) est également connu sous le nom de réseau cellulaire mobile. Il s'agit des réseaux sans fils les plus répandus puisque tous les téléphones mobiles sont connectés à un réseau étendu sans fils.

Les principales technologies sont les suivantes :

- **GSM** (*Global System Mobile*) est le réseau normalisé de téléphonie sans fil numérique. Grâce à une technologie numérique basée sur un réseau cellulaire, le GSM offre une meilleure qualité de communication. Toutefois, il a été conçu pour la transmission de la voix et fondé sur la commutation de circuits et ne permet pas de dépasser un débit de 9,6 kbit/s en transmission de données et il a 3 bandes de fréquences qui sont la bande européenne 900 MHz, la bande européenne 1800 MHz et la bande américo-japonnaise 1900 MHz.
- **GPRS** (*General Packet Radio Service*) il présente une évolution importante du GSM. Il permet un accès plus large et plus rapide à de nombreux services multimédias depuis un mobile ou un assistant numérique personnel. C'est en faite

un service de transmission des donnés sans fil basé sur la transmission par paquets. L'envoi d'un message électronique par le biais du GPRS entraîne sa division en " paquets " d'informations. Chaque paquet s'achemine vers le lieu de destination en empruntant l'itinéraire le plus rapide. Cette technologie est capable de fournir des débits par utilisateur allant jusqu'à 115 kbits/s

- **UMTS** (Universal Mobile Telecommunications System) est le nom de l'architecture des réseaux de téléphonie mobile de troisième génération. Au niveau des services, UMTS est censé offrir au minimum des liaisons à 2 Mbit/s pour des demandes instantanées pour des mobiles lents, des liaisons de 384 Kbit/s pour la plupart des applications multimédias, des liaisons de 144 Kbit/s pour des applications accompagnées de mobilité très rapide et transmission de la voie à 16 Kbit/s sur des zones de couvertures cellulaires très étendues (satellitaires).

1-3. Les canaux à trajets multiples

En communication sans fil, le canal de transmission présente un comportement hostile, caractérisé par sa sélectivité en fréquences, due à la propagation des ondes émises suivant plusieurs trajets voire plusieurs sous-trajets, d'une part; par sa non stationnarité ayant pour origine l'effet doppler dû au mouvement relatif des équipements de transmission, d'autre part.

En effet, les ondes émises dans l'espace libre suivent plusieurs trajets de propagation et subissent sur chaque trajet des réflexions et diffractions sur les différents obstacles, pour générer des sous ondes qui sont reçues avec différentes atténuations et divers retards. Ceci fait apparaître de l'interférence entre symboles dont l'étendue peut être sur plusieurs intervalles symboles. En plus, la mobilité des équipements de transmission a pour conséquence l'effet Doppler, qui se traduit par un décalage de la fréquence des sous ondes au niveau du récepteur.

Les signaux reçus sur les différents trajets et sous trajets, voient par conséquent, leur phase et leur amplitude modifiées de façon aléatoire. Leur superposition fait donc apparaître le phénomène d'évanouissement, caractérisé par une chute considérable du niveau d'amplitude du signal. La durée de ces évanouissements ainsi que leur fréquence d'apparition sont étroitement liées à la bande Doppler du canal.

1-3-1 : Sélectivité en fréquences du canal de transmission

L'existence de différents retards de propagation suivant les différents trajets rend les propriétés statistiques de deux signaux émis à deux fréquences f1 et f2 totalement différentes lorsque l'espacement fréquentiel $\Delta f = f_1 - f_2$ est assez élevé. Le canal affecte alors différemment les deux signaux, ou encore présente un comportement sélectif en fréquences vis-à-vis des deux signaux.

L'espacement fréquentiel maximal $(\Delta f)c$ pour lequel les signaux restent fortement corrélés est appelé la bande de cohérence du canal. Elle est définie comme étant l'espacement fréquentiel qui assure la valeur 0.5 pour le coefficient de corrélation des enveloppes de deux signaux émis à deux fréquences différentes. Son expression est donnée par :

$$\left(\Delta f\right)_c \approx \frac{1}{\tau_{max}}$$

(1.1)

avec τ_{max} est appelé dispersion temporelle du canal.

Un signal émis sur le canal à trajets multiples, subit des distorsions plus ou moins sévères selon la position de sa largeur de bande B, par rapport à $(\Delta f)_c$.

En effet, si $(\Delta f)_c$ est plus petite que B, les composantes fréquentielles du signal sont affectées de manière différente, le canal est dit sélectif en fréquences vis-à-vis du signal émis. Dans le cas contraire, le canal est dit non sélectif en fréquences.

Dans le cas d'une transmission numérique de symboles binaires, exprimons la condition de sélectivité en terme de grandeurs temporelles. Si la durée symbole est T_s, la bande de fréquences occupée par le signal émis est :

$$B = \frac{1}{T_s}$$

(1.2)

En utilisant cette égalité, l'expression **(1.1)** permet de déduire que le canal est non sélectif en fréquences et affecte de la même manière les composantes fréquentielles du signal émis si :

$$T_s > \tau_{max} \qquad (1.3)$$

1-3-2 : Stationnarité du canal de transmission

La stationnarité du canal de trajets multiples est liée au décalage Doppler ayant pour origine la mobilité des équipements de transmission.

Lorsqu'un signal de fréquence f_c est émis vers un récepteur en mouvement par rapport à l'émetteur, le signal reçu à une fréquence f_n translatée par rapport à f_c de la quantité :

$$f_n = f_c \frac{\left| \vec{V} \right|}{c} \cos \xi_n \qquad (1.4)$$

où $\vec{V}$ est le vecteur vitesse du récepteur par rapport à l'émetteur, c est la célérité dans le milieu de propagation et ξ_n l'angle d'incidence entre la direction du signal reçu et la direction du vecteur vitesse du récepteur.

On en déduit l'expression du décalage Doppler maximal :

$$f_d = f_c \frac{\left| \vec{V} \right|}{c} \qquad (1.5)$$

Dans un canal à trajets multiples, les sous ondes sont reçues avec différents angles d'incidence ξ_n ce qui conduit, au niveau du récepteur, à la superposition de plusieurs signaux avec différentes valeurs de décalage Doppler.

La bande occupée par le signal en sortie du canal est de largeur $2f_d$. Cette quantité définit de manière générale la dispersion Doppler du canal :

$$B_d = 2f_d \qquad (1.6)$$

A partir de celle-ci est définie, de façon approximative, la bande de cohérence temporelle du canal :

$$(\Delta t)_c \approx \frac{1}{B_d} \qquad (1.7)$$

Un canal de transmission est stationnaire sur une durée T, si sa bande de cohérence temporelle vérifie :

$$T \qquad << \qquad (\Delta t)_c$$

$$(1.8)$$

Dans le cas d'une transmission numérique de symboles binaires dont la durée symbole est T_s, le canal de transmission est stationnaire et non sélectif sur la durée T_s si et seulement si les deux conditions **(1.3)** et **(1.8)** sont vérifiées. Ceci conduit à la condition suffisante suivante :

$$\tau_{max} B_d \ll 1 \tag{1.9}$$

1-4. Les différentes techniques de modulations numériques

Les systèmes de transmissions numériques véhiculent de l'information entre une source et un destinataire en utilisant un support physique comme le câble, la fibre optique ou encore, la propagation sur un canal radioélectrique. Les signaux transportés peuvent être soit directement d'origines numériques, comme dans les réseaux de données, soit d'origines analogiques (parole, image...) mais convertis sous une forme numérique. La tâche du système de transmission est d'acheminer l'information de la source vers le destinataire avec le plus de fiabilité possible.

La modulation a pour objectif donc d'adapter le signal à émettre au canal de transmission. Les différents types de modulations numériques sont les suivants :

1-4-1 : Modulation à saut d'amplitude

La modulation à saut d'amplitude, ou encore *Amplitude Shift Keying* (ASK), consiste à affecter à chaque état une valeur d'amplitude de la porteuse. Une simple détection d'enveloppe permet de retrouver le signal en bande de base, qui doit ensuite être régénéré [2].

- **Modulation par tout ou rien** (*OOK, On Off Keying*):

C'est le cas le plus simple et le plus employé de modulation d'amplitude : à 1 correspond l'émission de la porteuse, à 0 correspond son interruption. La modulation peut être interne (émetteur allumé/éteint) ou externe (interrupteur à la sortie de l'émetteur). La démodulation est une simple détection d'enveloppe (détection de la puissance moyenne du signal reçu).

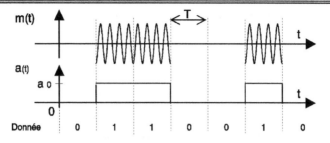

Figure 1.1. Modulation d'amplitude par tout ou rien (OOK) [3]

Peu efficace, et ne permettant pas de distinguer symbole zéro et absence d'information, cette modulation est surtout utilisée en transmission optique car elle permet d'utiliser des sources non cohérentes (DEL) ou de cohérence insuffisante (diodes laser). Elle a quelques emplois en transmission radio, mais sensible aux variations de puissance transmise.

- **Modulation à "M ETATS" :**
  Dans ce cas on utilise plutôt la modulation symétrique.

On a toujours $M = 2^n$ amplitudes possibles du signal, où n est le nombre de bits nécessaires pour représenter l'état de constellation.

Suivant les n valeurs on obtient la figure suivante représentant la constellation de la modulation avec M prend les valeurs 2, 4 et 8.

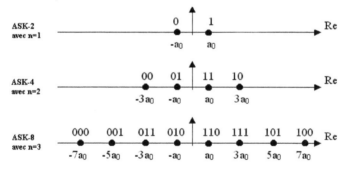

Figure 1.2. Constellation de la modulation à M états [5]

1-4-2 : Modulation à saut de fréquence

La modulation à saut de fréquence [2] (ou encore *FSK, Frequency Shift Keying*) est une modulation où chaque état est caractérisé par la fréquence f émise. Il est possible de moduler à un grand nombre d'états, c'est ce qui se fait dans certains canaux très bruités. En pratique, on fait surtout de la modulation à deux états :

     .   à 0 correspond f_0

     .   à 1 correspond f_1

L'amplitude est constante, et on retrouve les avantages de la modulation de fréquence en radiodiffusion grâce à l'insensibilité aux variations des conditions de transmission et la possibilité de contrôle de gain ainsi que ses inconvénients sont les encombrements spectraux augmentés par rapport à la modulation d'amplitude.

Cette modulation a, par rapport à la modulation d'amplitude par tout ou rien, l'avantage de distinguer le symbole 0 de l'absence de signal, ce qui autorise la transmission asynchrone. On l'utilise dans des applications simples lorsqu'il n'y a pas de restriction de bande passante : télécommande, faisceaux hertziens à bas débit, …

1-4-3 : Modulation à saut de phase

La modulation à saut de phase est souvent appelée *PSK* pour *Phase Shift Keying*.

Soit $M(t)$ l'expression   du   signal   modulé   est   donnée   par   :

$$M(t) = \Re(A.e^{j(\omega t+\phi)})$$

On fait apparaître une amplitude complexe $A.e^{j\phi} = x + jy$ qu'on représente par un point dans le plan de complexe (dit plan de phase). A chaque état est associé un point qui sera défini sur un cercle.

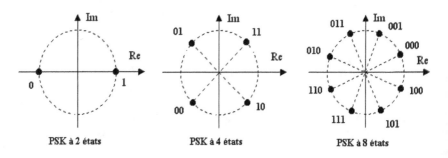

PSK à 2 états   PSK à 4 états   PSK à 8 états

Figure 1.3. Représentation des états de la modulation à saut de phase [5]

- <u>**Modulation de phase à deux états**</u> :

La modulation de phase à 2 états est appelée aussi *BPSK* pour *Binary Phase Shift Keying*

Ces deux états sont en opposition de phase, avec par exemple la règle suivante :

$$d_0 = -1 \qquad \text{pour} \quad \Phi_0 = \pi$$

$$d_0 = +1 \qquad \text{pour} \quad \Phi_0 = 0$$

Ceci revient tout simplement à multiplier la porteuse par le signal logique de niveaux ± 1.

Le spectre du signal est le spectre en bande de base, transposé autour de la fréquence porteuse, comme en modulation par tout ou rien mais aucun symbole ne se confond avec l'absence d'information, et la puissance de la porteuse modulée reste constante.

La réception impose une synchronisation initiale de fréquence et de phase. Une fois cette synchronisation effectuée, le récepteur multiplie le signal reçu par la porteuse. Il est alors facile de décider si le signal reçu est en phase avec la référence locale ou s'il est en opposition de phase.

- **Modulation de phase à 4 états** :

Cette modulation est aussi appelée *QPSK* (*Quadrature Phase Shift Keying*).

Dans les modulations à 2^n états, un mot de n bits est associé à un état. La durée d'un état est donc nT (où T est la durée d'un bit), ce qui permet de diviser la largeur du spectre par n.

La modulation et la démodulation proprement dites utilisent la double modulation en quadrature; on écrit donc :

$$M\ (t) = x.\cos(\omega t) = y.\sin(\omega t) \quad , \quad \text{avec} \quad x = a.\cos(\phi) \qquad \text{et}$$

$$y = a.\sin(\phi)$$

La modulation de phase à 4 états est parfaitement simple, puisque x et y correspondent respectivement aux bits pairs et impairs (prenant les valeurs logiques +1 ou -1) :

- à "11" correspond $\Phi = \pi/4$
- à "00" correspond $\Phi = 5\pi/4$
- à "10" correspond $\Phi = 3\pi/4$
- à "01" correspond $\Phi = 7\pi/4$

On remarque que les états sont disposés sur le cercle suivant un code de Gray, c'est-à-dire que deux états voisins diffèrent d'un seul bit. En cas de confusion d'un état avec un état voisin, seul un bit est faux.

1-4-4 : Modulation d'amplitude en quadrature [4]

La modulation d'amplitude en quadrature (ou *QAM* pour *Quadrature Amplitude Modulation*) est la modulation en amplitude de deux porteuses de même fréquence en quadrature, c'est-à-dire déphasées de $\pi/2$. Le signal modulé transmis dans le canal de transmission s'écrit de la forme suivante :

$$(1.10)\, S(t) = p(t)\cos(2\pi f_0 t) - q(t)\sin(2\pi f_0 t)$$

$$p(t) = \sum_k A_k \chi(t - kT) \qquad \text{avec :}$$

$$q(t) = \sum_k B_k \chi(t - kT)$$

$p(t)$ et $q(t)$ sont les suites temporelles des symboles A_k et B_k (obtenus par codage des bits d'information à transmettre) mis en forme par l'impulsion élémentaire $\chi(t)$, fonction porte de durée T égale à 1 sur l'intervalle $[0,T[$ et à 0 ailleurs.

A titre d'exemple, la figure 1.2 représente un modulateur MAQ 16 dont le but est d'associer, à la suite temporelle des 16 symboles possibles de 4 bits [$a_k\, b_k\, c_k\, d_k$], un signal analogique qui pourra se propager dans le canal de transmission. $a_k b_k$ et $c_k d_k$ sont codés sur deux voies différentes, dites en phase et en quadrature. L'opération de codage consiste à attribuer une amplitude à chaque combinaison de 2 bits (le codage indiqué sur la figure 1.2 est le codage de Gray). Ces amplitudes sont ensuite mises en forme par une fonction porte $\chi(t)$ de durée symbole T, puis multipliées respectivement par un cosinus et un sinus à la fréquence f_0. La somme de ces deux signaux est le signal analogique émis sur le canal.

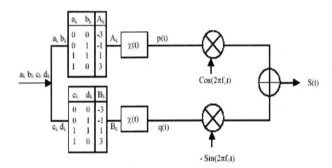

Figure 1.4. Modulateur MAQ16 [4]

A chaque modulation MAQ de densité M (nombre de symboles), est associée une constellation à deux dimensions pour laquelle les M symboles sont repérés par leurs coordonnées X = A et Y = B dans le plan complexe, A et B étant les amplitudes qui modulent respectivement les porteuses en phase et en quadrature.

Du codage dépend les performances de la modulation. En effet, compte tenu de la statistique gaussienne du bruit blanc, lorsqu'un symbole est erroné, il y a une forte probabilité pour que le symbole estimé par le récepteur soit un voisin du symbole émis. Le codage optimal est donc celui pour lequel des symboles voisins ne diffèrent que d'un seul bit : c'est précisément ce que réalise le codage de Gray. Malheureusement, son implémentation serait trop complexe pour les modulations multi porteuses à nombre variable de bits d'une sous bande à une autre.

1-5. La notion de diversité

Dans les systèmes de transmission sans fil, pour combattre les évanouissements à faible échelle causée par les multi trajets, on doit utiliser une technique connue sous le nom de diversité. Les trois formes de diversité traditionnellement exploitées sont la diversité temporelle, la diversité fréquentielle et la diversité spatiale.

1-5-1 : Diversité temporelle

La diversité temporelle s'applique pour les canaux sélectifs en temps. L'information est répétée dans le temps à intervalles plus grands que le temps de cohérence T_c du canal (durée minimale entre deux évanouissements indépendants). La diversité temporelle est généralement utilisée avec de l'entrelacement et du codage correcteur d'erreur.

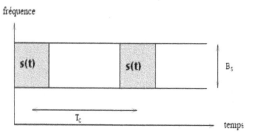

Figure 1.5. Diversité temporelle

1-5-2 : Diversité fréquentielle

La diversité fréquentielle s'utilise pour les canaux sélectifs en fréquence. L'information est répétée sur une bande de fréquence plus large que la bande de cohérence du canal (espacement fréquentiel minimal entre deux fréquences affectées d'évanouissements indépendants). La diversité fréquentielle s'emploie généralement à l'aide de techniques d'étalement de spectre ou multi porteuses.

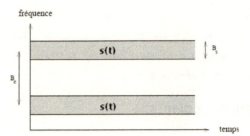

Figure 1.6. Diversité fréquentielle

1-5-3 : Diversité spatiale

Dans ce travail, nous nous intéressons plus particulièrement à la diversité spatiale, ou diversité d'antennes. Elle consiste à émettre ou recevoir l'information par plusieurs antennes, séparées dans l'espace d'au moins la distance de cohérence, qui correspond à la séparation minimale des antennes garantissant un évanouissement indépendant. Cette distance de cohérence peut varier très largement selon le type et l'emplacement de l'antenne considérée.

1-6. Conclusion

Dans ce chapitre nous avons présenté tout d'abord les différentes catégories des réseaux sans fil ainsi que les diverses technologies existantes actuellement. Nous avons définit les techniques de modulations numériques comme la modulation par saut d'amplitude, de fréquence, de phase et la modulation d'amplitude en quadrature. Enfin nous avons introduit la notion de diversité et aussi les différentes caractéristiques d'un canal de transmission sans fil.

La modulation multi porteuse est définit comme une autre modulation numérique qui permet de réduire les interférences entre symboles dues aux canaux à trajets multiples et transmettre ainsi des données avec plus d'efficacité sur ces types de canaux. Cette modulation est connue sous le nom de l'OFDM que nous détaillerons dans le second chapitre.

Chapitre 2

La modulation OFDM

1- Introduction
2- Principe de la modulation OFDM
3- Description d'un système de transmission OFDM
4- Les avantages et les inconvénients de la modulation OFDM
5- Conclusion

2-1. Introduction

L'OFDM est née dans les années 50-60 mais sans faire vraiment à l'époque beaucoup d'adeptes, faute du développement des circuits électroniques et du traitement numériques du signal. Il n'a fallu attendre que les années 80 pour que l'on prenne conscience de son intérêt et de son application.

En effet, l'OFDM apparaît être comme une solution "miracle" pour les canaux qui présentent des échos importants (canaux multi trajets). Avec de tels canaux, les signaux arrivent avec de très fortes distorsions et ceci est fonction du nombre d'échos, de leurs retards ...

Cette dénomination (OFDM) se justifie par le fait que nous assurons la transmission à l'aide d'un multiplex fréquentiel de sous porteuses orthogonales entre elles séparées par un intervalle de garde.

Dans ce chapitre nous allons présenter donc le principe de cette modulation multi porteuses tout en définissant les différents termes importants comme les conditions nécessaires pour assurer l'orthogonalité de porteuses, la notion de l'intervalle de garde et celle de l'interférence inter et intra symboles. Ensuite nous décrivons le système de transmission d'OFDM coté émission et réception. L'évaluation de ce système se fait par l'analyse de divers critères mis en place et nous présentons à la fin les avantages et les inconvénients de la technique de modulation OFDM.

2-2. Principe de la modulation OFDM

Le canal multi trajet présente une réponse fréquentielle qui n'est pas plate (cas idéal) mais comportant des creux et des bosses, dus aux échos et réflexions entre l'émetteur et le récepteur. Un très grand débit impose une grande bande passante.

Si cette bande passante couvre une partie du spectre comportant des creux, il y a perte totale de l'information pour la fréquence correspondante.

La solution prouvée pour résoudre ce problème est de répartir l'information sur un grand nombre de porteuses, créant ainsi des sous canaux très étroits pour lesquels la réponse fréquentielle du canal peut-être considérée comme constante [6].

L'idée de base de l'OFDM réside donc dans le fait de répartir un train binaire en une multitude de trains (ou canaux). Le canal est ainsi découpé en cellules selon les axes du temps et de fréquences.

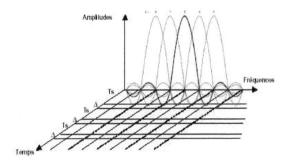

Figure 2.1. Représentation temps fréquence du signal OFDM [7]

Le canal est alors constitué d'une suite de sous bandes de fréquence et d'une suite de segments temporels.

Nous appelons symbole OFDM l'ensemble des informations contenues dans l'ensemble des porteuses à un instant t. Chaque symbole est caractérisé par une durée T_s qui est le temps symbole utile.

A chaque cellule fréquence/temps est attribuée une porteuse dédiée. Nous allons répartir donc aléatoirement les symboles à transporter sur l'ensemble de ces porteuses, modulée par une modulation BPSK, QPSK, MAQ4, MAQ16, MAQ64 ou MAQ256 (selon le compromis robustesse/ débit).

Chacune des ces porteuses est modulées à bas débit pour que la durée utile T_s d'un symbole soit grande devant l'étalement des échos.

Par conséquent, l'intervalle d'observation du récepteur est limité à la partie utile du signal. La durée T_s des symboles et l'espacement $1/T_s$ des N porteuses forment une base orthogonale.

Le principe d'orthogonalité permet au récepteur de récupérer l'information sur chacune des porteuses.

2-2-1 : Notion d'orthogonalité des porteuses

Pour que le signal modulé ait une grande efficacité spectrale, il faut que les fréquences des porteuses soient les plus proches possibles, tout en garantissant que le récepteur soit capable de les séparer et retrouver le symbole numérique émis sur chacune d'entre elles. Ceci est vérifié si le spectre d'une porteuse est nul aux fréquences des autres porteuses [6].

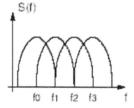

Figure 2.2. Porteuses espacées correctement pour une grande efficacité spectrale et une grande séparabilité

Le spectre d'un signal modulé avec une forme d'onde rectangulaire est donné par l'expression suivante :

$$S_j(f) = T_s \frac{\sin(\pi(f - f_j)T_s)}{\pi(f - f_j)T_s} e^{-\pi i(f - f_j)T_s} \tag{2.1}$$

avec T_s est la durée d'un symbole

et f_j est la fréquence de la porteuse.

Nous remarquons que $1/Ts$ est un espacement possible des fréquences des différents porteuses puisque le spectre s'annule aux fréquences $f = f_j + k/T_s$ pour tout $k \neq 0$. Ceci peut être vérifié graphiquement en superposant les spectres de plusieurs porteuses espacées de $1/Ts$:

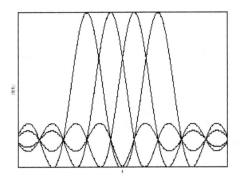

Figure 2.3. Superposition des spectres de 4 porteuses espacées de 1/ Ts [6]

Dans la modulation OFDM, nous pouvons représenter la base de signaux élémentaires comme suit :

$$\psi_{j,k}(t) = e^{2i\pi(f_0 + \frac{k - N_p/2}{T_s})t} h(t - jT_s)$$

(2.2)

où f_0 est la fréquence centrale des porteuses

N_p est le nombre de porteuses

et $h(t)$ est la forme d'onde rectangulaire définie par :

$$h(t) = \begin{cases} 1 & 0 \leq t < T_s \\ 0 & ailleurs \end{cases}$$

(2.3)

Nous disons donc que les porteuses sont orthogonales si la base de signaux vérifie les deux conditions suivantes :

Pour $j \neq j'$ et $k \neq k'$ nous avons :

$$\int_{-\infty}^{+\infty} \psi_{j,k}(t) \overline{\psi_{j',k'}(t)} dt = 0$$

$$\int_{-\infty}^{+\infty} \left| \psi_{j,k}(t) \right|^2 \, dt = T_s$$

(2.4)

2-2-2 : Intervalle de garde

Une multiplication des coefficients reçus suffit à compenser les distorsions du canal au sein d'un symbole OFDM. Cependant il peut subsister une légère interférence entre deux symboles OFDM transmis successivement. Pour s'en affranchir, il est possible d'ajouter un espace entre les symboles OFDM, d'une durée supérieure à l'étalement des retards. Ainsi les derniers échos du symbole OFDM auront lieu durant cet intervalle dit "de garde", et le symbole OFDM suivant ne sera plus perturbé par le précédent [7]. En pratique nous choisissons pour la taille de cet intervalle de garde une durée de l'ordre du quart de celle d'un symbole OFDM, ce qui représente un bon compromis entre diminution des erreurs et perte de débit utile.

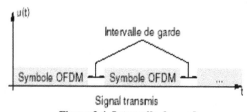

Figure 2.4. Intervalle de garde

L'utilisation d'un intervalle de garde permet de rétablir l'orthogonalité temporelle des porteuses. Pour ce faire, deux approches duales sont présentées :

-   Le **CP-OFDM** classique consistant à une duplication circulaire de la fin du bloc en son début

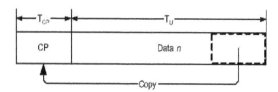

Figure 2.5. Extension cyclique du symbole transmis

Cette méthode permet d'éliminer l'interférence entre les porteuses et le rétablissement de l'orthogonalité fréquentielle

- Son dual le **ZP-OFDM** correspondant à la concaténation d'un bloc de zéros en fin de bloc.

2-2-3 : Interférences inter et intra symboles

Pour la transmission d'un signal OFDM, nous utilisons les canaux à trajets multiples. Pour cela une même suite de symbole arrivant à un récepteur par deux chemins différents se présente comme la même information arrivant à deux instants différents et qui s'additionnent. Ce qui produit automatiquement des interférences dont nous distinguons :

- **Interférences inter symboles :**

Ce sont des interférences entre deux symboles OFDM. C'est pratiquement l'addition d'un symbole avec le précédent légèrement déphasé.
Ce phénomène est réduit avec l'utilisation d'un intervalle de garde.

- **Interférences intra symboles :**

Ce sont des interférences à l'intérieur d'un symbole OFDM. C'est une addition d'un symbole avec lui-même légèrement déphasé.

L'égalisation du canal [8] réalisé avec une simple multiplication réduit ces interférences, puis nous utilisons le code canal qui permet de corriger les erreurs supplémentaires, dues principalement au bruit. L'utilisation d'un code correcteur d'erreurs avec une modulation OFDM est appelée COFDM.

Le codage produit une redondance pour détecter et corriger les erreurs permettant au récepteur de reconstituer les informations perdues lors de la transmission, grâce à la corrélation qui les lie aux informations correctement reçues.

2-3. Description d'un système de transmission OFDM

Le but d'une modulation est de transmettre des informations d'un émetteur à un récepteur, à travers un canal de transmission. Ce canal possède un certain nombre de caractéristiques et de contraintes qu'il faut être pris en compte par le système de transmission. Ainsi les données numériques doivent subir un certain nombre de transformations avant d'être transmises, et une autre série de transformations est effectuée dans le récepteur pour obtenir à nouveau les données numériques envoyées.

2-3-1 : Modulateur OFDM

L'émetteur OFDM peut être présenté par la figure suivante :

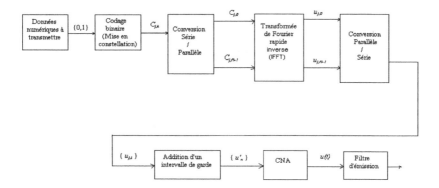

Figure 2.6. Modulateur OFDM

- **Codage binaire :**

Le codage binaire est l'étape qui génère un signal discret à partir des données numériques.

Le vecteur C_j de composantes $\{C_{j,k}$, $k = 0...N_p-1$, j fixé $\}$ est appelé symbole numérique.

Les symboles numériques sont transmis successivement, et $C_{j,k}$ est le symbole transmis sur la $k^{\text{ième}}$ porteuse dans le $j^{\text{ième}}$ symbole OFDM.

Les symboles $C_{j,k}$ peuvent être réels ou complexes et sont associés à un ou plusieurs bits issus de la source d'informations. Nous définissons alors un second débit sur le canal, le débit symbole, qui est le nombre de symboles transmis par unité de temps. Il est mesuré en bauds et est égal au débit binaire divisé par le nombre de bits représenté par chaque symbole.

Si les symboles $C_{j,k}$ sont complexes, nous pouvons donc coder l'information soit :

- dans la phase des symboles où le module du signal est constant.

L'ensemble des symboles possibles est :

$$C_{j,k} \quad \in \quad \text{à} \quad \{A.exp((2ik\pi/m)+ \quad \Phi_0), \quad K \quad = \quad 0...m-1\}$$

(2.5)

Où m est le nombre d'états, il est de la forme 2^n

Φ_0 est la phase du premier symbole

Chaque symbole $C_{j,k}$ code n bits et on note MDPm une modulation de phase de m états

- à la fois dans les parties réelle et imaginaire du symbole. C'est en faite l'utilisation de la technique de modulation d'amplitude en quadrature

Pour cela nous associons une valeur complexe tel que $C_{j,k} = A_k + j\, B_k$ dont A_k et B_k étant les coordonnées des mots binaires qui sont répartis dans la constellation.

- **Conversion Série/Parallèle** :

Cette étape permet de répartir les symboles $C_{j,k}$ à transmettre sur les N porteuses.

- **La Transformée de Fourier Rapide inverse (IFFT)** :

La modulation OFDM est réalisée par l'algorithme rapide d'IFFT.

La transformée de Fourier rapide inverse permet de trouver la forme d'onde du signal dans le domaine temporel.

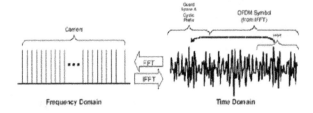

Figure 2.7. Les fonctions de FFT et IFFT

La transformée de Fourier rapide inverse est réalisée sur les N valeurs complexes $C_{j,k}$. L' IFFT est donc de taille N.

Le signal en sortie de l'IFFT est réel, il s'écrit après une conversion parallèle/série sous la forme suivante :

$$u_{ej}(t) = \sum_{k=0}^{N_p-1} c_{j,k} e^{2i\pi \frac{k - N_p/2}{T_s} t}$$

$$(2.6)$$

- **Addition d'un intervalle de garde** :

Cette étape permet d'éliminer les interférences entre symboles

La période de garde est ajoutée au début de chaque symbole

Nous trouvons 3 types d'intervalle de garde :

- type 1 : Amplitude nulle pour la période de garde (ZP)

- type 2 : Extension cyclique du symbole transmis (CP)

- type 3 : La moitié du temps de période de garde est en amplitude nulle. L'autre moitié   de la période de garde est une extension cyclique du symbole transmis.

Après l'addition de l'intervalle de garde et la conversion numérique/ analogique, le signal correspondant à un symbole OFDM est émis.

L'expression d'un symbole OFDM est donnée donc par :

$$u_j(t) = \Re(\sum_{k=0}^{N_p-1} c_{j,k} e^{2i\pi(f_0 + \frac{k-N_p/2}{T_s})t} h(t - jT_s))$$

$$u_j(t) = \Re(u_{ej}(t)e^{2i\pi f_0 t})h(t - jT_s) \qquad (2.7)$$

A partir de cette expression nous pouvons définir le signal modulé *u(t)* sous la forme suivante :

$$u(t) = \Re(\sum_{j=0}^{\infty} \sum_{k=0}^{N_p-1} c_{j,k} \psi_{j,k}(t))$$

$$(2.8)$$

2-3-2 : Démodulateur OFDM

La chaîne de transmission OFDM coté réception est décrite par la figure suivante :

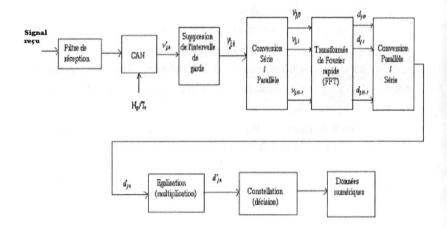

Figure 2.8. Démodulateur OFDM

Les filtres d'émission et de réception avec des réponses fréquentielles respectivement $G_e(f)$ et $G_r(f)$ sont des filtres passe-bande qui sont conçues pour ne pas déformer le signal transmis dans sa bande utile.

Le signal reçu par le récepteur après filtrage pour le symbole OFDM numéro j peut être représenté par :

$$v_j(t) = \sum_{k=0}^{N_p-1} e^{2i\pi(f_0 + \frac{k - N_p/2}{T_s})t} r_k c_{j,k} h(t - jT_s)$$

(2.9)

$$\text{avec} \quad r_k = R(f_0 + \frac{k - N_p/2}{T_s})$$

$R(f)$ est considéré comme la réponse fréquentielle de la chaîne de transmission complète avec

$$R(f) = H(f)G_e(f)C(f)G_r(f)$$

(2.10)

Donc r_k est la valeur de $R(f)$ à la fréquence f_k.

- **Suppression de l'intervalle de garde :**

Le signal $v_j(t)$ est échantillonné à la fréquence N_p/T_s et nous supprimons ensuite l'intervalle de garde déjà additionné lors de l'émission des symboles OFDM. Les N_p symboles suivants sont obtenus :

$$v_{j,l} = \sum_{k=0}^{N_p-1} e^{2i\pi(k-N_p/2)\frac{1}{N_p}} r_k c_{j,k}$$

(2.11)

- La Transformée de Fourier rapide (FFT) :

Après la conversion série/parallèle, la FFT est réalisé sur les N_p symboles déjà obtenus. Donc les coefficients $v_{j,l}$ avec $l = 0... N_p-1$ sont les entrées de la transformée de Fourier rapide.

Cette étape nous permet donc de déterminer les symboles $d_{j,k}$ tel que

$$d_{j,k} = r_k C_{j,k} \qquad , k = 0... N_p-1$$

(2.12)

- Egalisation [8]:

En principe, si le canal de transmission est parfaitement connu, il est possible de rendre l'interférence entre symboles arbitrairement faible, ou même de l'éliminer complètement en utilisant le paire de filtres d'émission et de réception. En pratique, cependant, nous ne connaissons que très rarement les caractéristiques exactes du canal donc il faut compenser ces interférences à l'aide d'un dispositif appelé égaliseur.

Dans notre système de transmission, les filtres d'émission et de réception sont fixés et le rôle de l'égaliseur est simplement de compenser la réponse du canal. Pour cela il suffit pour le récepteur de diviser les symboles reçus par r_k pour retrouver les symboles émis.

- Constellation (décision):

Cette étape consiste à déterminer les bits correspondant au symbole reçu $d_{j,k}$. Ce symbole peut être différent du symbole qui avait été envoyé ($C_{j,k}$) à cause de perturbations introduites par le canal lors de la transmission. La détection par maximum de vraisemblance est le critère optimal permettant de déterminer le symbole qui a été envoyé avec la plus grande probabilité. Pour cela on sélectionne le point de la constellation le plus proche (au sens de la distance euclidienne) du symbole reçu, et les bits qui sont associés à ce point de la constellation sont les bits qui ont été émis avec la plus grande vraisemblance. Le plan complexe est ainsi partitionné en zones de décision, chacune correspondant à un symbole de la constellation, et donc à un symbole de bits particulier [6].

Sur une constellation particulière, nous pouvons représenter les limites de ces zones par des traits pointillés (nous supposons que tous les symboles sont équiprobables) :

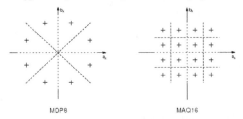

MDP8   MAQ16

Figure 2.9. Frontières des zones de décision sur les constellations MDP8 et MAQ16 [6]

2-4. Les avantages et les inconvénients de la modulation OFDM

2-4-1 : Les inconvénients

La modulation OFDM est très sensible aux problèmes de :

    - synchronisation

    - non linéarité des amplificateurs

2-4-1-1 : Problèmes de synchronisation

L'OFDM admet une sensibilité plus grande aux erreurs :

    - Temps de retard (sauf si inclus dans l'intervalle de garde)

    - Phase

    - Résidu de fréquences porteuses

    - Désynchronisation entre horloge d'échantillonnage

Ces problèmes de synchronisation sont résolus en transmettant quelques informations pilotes [7] de manière à transmettre, dans quelques symboles de certaines porteuses, des informations connues à partir desquelles nous mesurons une version sous échantillonnée de la réponse en fréquence. Nous interpolons le résultat à l'aide d'un filtre uni ou bidimensionnel afin de compléter les espaces inconnus.

2-4-1-2 : Problèmes de non linéarité des amplificateurs

a) Les effets des non linéarités dans un système OFDM :

Nous définissons tout d'abord le facteur de crête (*CF*) par la relation suivante :

$$CF = \sqrt{PMEPR} \qquad (2.13)$$

avec *PMEPR* est le rapport entre la puissance maximale et la puissance moyenne d'un signal temporel. Il est déterminé à partir de l'équation (2.19) en considérant que *s(t)* est un signal non nul et de moyenne nulle et défini sur [0, *T*].

$$PMEPR\ (s) = \frac{\max\limits_{t \in [0,T]} |s(t)|^2}{\frac{1}{T}\int_0^T |s(t)|^2\, dt}$$

$$(2.14)$$

Pour un signal OFDM, le *PMEPR* est majoré par :

$$PMEPR \leq N_p \frac{\max\limits_{j,k} |c_{j,k}|^2}{\min\limits_{j,k} |c_{j,k}|^2}$$

$$(2.15)$$

Avec N_p est le nombre de porteuses

et les $C_{j,k}$ sont les symboles modulés sur chaque porteuse

L'évaluation de ce facteur de crête [6] est importante pour le dimensionnement des composants non linéaires dans un système de communication. Si ce facteur est élevé, c'est que le signal possède une puissance maximale importante devant sa puissance moyenne, et donc que certaines valeurs prises par ce signal sont importantes par rapport aux valeurs moyennes. Ceci signifie que des pics d'amplitude importante sont présents.

Donc un signal OFDM temporel ayant un facteur de crête fluctuant peut subir des distorsions dues aux non linéarités de l'amplificateur et les perturbations engendrées peuvent faire apparaître des erreurs de transmission.

Ces distorsions sont généralement des intermodulations qui sont des effets fréquentiels qui apparaissent lorsque plusieurs signaux à des fréquences différentes traversent un composant non linéaire.

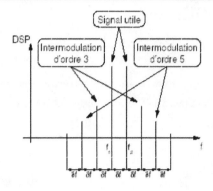

Figure 2.10. Intermodulations [6]

Autre grandeur permettant de représenter l'influence du non linéarité des amplificateurs sur un signal donné est le recul d'entrée.

C'est en faite le rapport entre la puissance de saturation ramenée à l'entrée de l'amplificateur et la puissance moyenne du signal.

Ainsi plus le recul d'entrée est élevé, plus l'amplificateur est surdimensionné par rapport au signal à amplifier, et moins il y a de distorsions non linéaires.

2-4-2 : Les avantages de la modulation OFDM

La modulation OFDM possède de nombreux avantages :

- Occupation optimale de la bande de fréquence allouée grâce à l'orthogonalité des porteuses.
- Simplicité de l'égalisation du canal, et donc la possibilité de transmettre avec plus d'efficacité des données sur des canaux multi trajets.
- Permet de s'affranchir des échos grâce à l'intervalle de garde et donc de diminuer l'interférence inter symbole
- Le signal COFDM assure la répartition de l'information sur un grand nombre de porteuses, limitant la perte de données en cas de fading (évanouissement du signal).
- La multiplicité de la modulation est basée sur un algorithme bien connu et peu complexe: la FFT
- Robustesse vis-à-vis de la sélectivité en fréquence du canal de propagation
- Récupération de l'information perdue grâce au codage convolutif et à l'entrelacement adapté permettant de réduire de façon importante le taux d'erreur

2-5. Conclusion

Dans ce présent chapitre nous avons vu que la modulation OFDM est une technique qui consiste à transmettre des données simultanément sur plusieurs porteuses uniformément réparties, et à employer des transformées de Fourier pour la modulation et la démodulation des signaux. Nous avons présenté également la chaîne de transmission OFDM coté émission et réception. Cependant le facteur de crête élevé du signal temporel à transmettre le rend sensible aux non linéarités de l'amplificateur, et les perturbations engendrées peuvent faire apparaître des erreurs de transmission. Pour cela les méthodes actuellement proposées pour s'affranchir de ces problèmes sont exposées.

Une des autres solutions proposées consiste à se bénéficier de l'association de la technique de transmission multi antennes (MIMO) avec la modulation multi porteuses OFDM. C'est en faite le sujet du troisième chapitre.

Chapitre 3

Les systèmes MIMO
Et l'association MIMO-OFDM

1- Introduction
2- Les systèmes multi-antennes MISO et SIMO
3- Les systèmes multi-antennes MIMO
4- L'association MIMO-OFDM
5- Performances des systèmes MIMO-OFDM
6- Conclusion

3-1. Introduction

Les systèmes à antennes multiples jouent un rôle important dans le développement des systèmes de communication futurs à bande large. Grâce aux trajets multiples entre l'émetteur et le récepteur, les effets d'atténuation du canal sont réduits d'une façon significative, de plus l'efficacité spectrale se trouve remarquablement augmentée. L'utilisation de la modulation OFDM dans les systèmes MIMO s'avère être une technique bien adéquate, de plus en plus utilisée. En particulier cette technique est adoptée, par plusieurs standards de normalisation des systèmes de réseaux locaux, parmi lesquels on peut citer: ETSI BRAN HIPERLAN/2, IEEE 802.11a.

Dans ce présent chapitre, nous allons présenter dans un premier lieu les différentes architectures des systèmes multi-antennes, en introduisant les expressions de capacité pour chaque modèle. Dans un second lieu, nous proposons les algorithmes de détection les plus courants, associés aux systèmes MIMO. Par la suite, nous allons décrire le système de transmission MIMO – OFDM, côté émission et côté réception, tout en précisant l'expression de sa capacité. Finalement, les différents critères utilisés pour évaluer les performances d'un tel système de transmission vont être précisé.

3-2. Les systèmes multi antennes MISO et SIMO

Les communications sur le canal radio mobile se sont fortement développées ces dernières années, aussi bien en terme de nombre d'utilisateurs que de débit par utilisateur. Ceci entraîne la saturation des ressources radio fréquence dans les milieux à trajets multiples. Dès lors, il existe une forte demande pour augmenter l'efficacité spectrale de ces communications.

D'un autre côté, les transmissions via le canal radio mobile sont fortement pénalisées par les évanouissements du signal, dus à la fois aux trajets multiples et aux interférences entre symboles.

Pour pallier ces deux inconvénients, une solution est étudiée depuis quelques années. Il s'agit de plusieurs architectures de transmission, parmi lesquels :

3-2-1 : Le système « MISO »

Le système MISO « Multiple Input Single Output » est un système multi antennes qui dispose de n_T antennes à l'émission et une seule antenne à la réception.

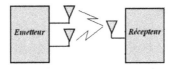

Figure 3.1. Le système MISO

L'expression de la capacité d'un système MISO s'exprime par :

$$C = \log_2(1 + \rho_R n_T^2) \quad bps / Hz \tag{3.1}$$

Sa capacité augmente aussi, en fonction du logarithme de $(1 + \rho_R n_T^2)$.

P_R est définie comme le rapport signal sur bruit moyen sur l'antenne de réception.

3-2-2 : Le système « SIMO »

Le système SIMO « Single Input Multiple Output » est un système multi antennes qui dispose d'une seule antenne à l'émission et n_R antennes à la réception.

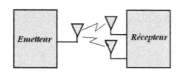

Figure 3.2. Le système SIMO

L'expression de la capacité d'un système SIMO est donnée par :

$$C = \log_2(1 + \rho_R n_R^2)$$ (3.2)

Sa capacité augmente en fonction du logarithme de $(1 + \rho_R n_R^2)$.

Les deux expressions de capacités présentées en dessus, restent toutefois petites devant celle du canal MIMO, qui sera détaillé par la suite, car la dimension spatiale du système n'est que partiellement exploitée.

3-3. Les systèmes multi antennes MIMO

Le système MIMO « Multiple-Input Multiple-Output » (Figure.3.3), utilise n_T antennes comme émetteurs et n_R antennes comme récepteurs. Il permet d'atteindre à la fois de très hautes efficacités spectrales et de lutter efficacement contre les évanouissements du signal. L'idée générale est de tirer profit de la dimension spatiale du canal et d'exploiter les trajets multiples plutôt que de les supprimer.

3-3-1 : Principe d'un système MIMO

Dans un système MIMO, les données sont séparées en n_T groupes, et chaque groupe est transmis par une antenne différente. Toutes les antennes émettrices sont synchronisées par rapport aux symboles, utilisent la même bande de fréquence, et la même constellation.

La bande de fréquence utilisée pour la transmission est assez étroite pour que le canal soit non sélectif en fréquence (avec des évanouissements). Chaque trajet entre une antenne émettrice et une antenne réceptrice peut alors être caractérisé par un gain complexe h_{ji} représentant le coefficient d'évanouissement entre le $i^{ème}$ émetteur et le $j^{ème}$ récepteur.

A la réception, chaque antenne reçoit la somme des symboles s_i transmis simultanément par chacune des n_T antennes émettrices. Le signal r_j reçu par la $j^{ème}$ antenne peut par conséquent s'écrire de manière discrète:

$$r_j = \sum_{i=1}^{n_T} h_{ji} s_i + v_j \tag{3.3}$$

Où v_j représente un échantillon du bruit qui perturbe le signal.

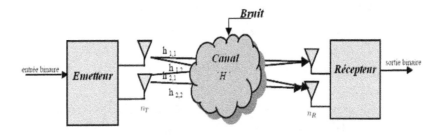

Figure 3.3. Schéma d'un système MIMO

Si l'on considère à présent l'ensemble des symboles reçus simultanément par les antennes, le système peut s'écrire sous la forme matricielle suivante:

$$r = H.s + v \tag{3.4}$$

Où H est la matrice de canal de taille $n_T \times n_R$ définie par l'ensemble des trajets:

$$H = \begin{bmatrix} h_{11} \ldots\ldots\ldots\ldots\ldots h_{1n_T} \\ h_{21} \ldots\ldots\ldots\ldots\ldots h_{2n_T} \\ .. \\ h_{n_R 1} \ldots\ldots\ldots\ldots\ldots h_{n_R n_T} \end{bmatrix} \tag{3.5}$$

Avec s, est le vecteur émis de taille $n_T \times 1$ et v est le vecteur de bruit de taille $n_R \times 1$.

3-3-2 : Capacité d'un système MIMO

La capacité d'un système MIMO avec une contrainte de puissance p_0 à l'émission est:

$$C = \max_{p(x):trace\ (\sigma_v^2) \le p_0} I(s,r) \tag{3.6}$$

Où :

$$\sigma_v^2 = \varepsilon\left\{s.s^*\right\} \tag{3.7}$$

Avec ε désigne par l'espérance mathématique.

En utilisant la relation entre l'information mutuelle I et l'entropie E, on obtient:

$$I(s,r) = E(r) - E(r/s)$$

$$I(s,r) = E(r) - E(H.s + v/s)$$

$$I(s,r) = E(r) - E(v/s)$$

$$I(s,r) = E(r) - E(v) \tag{3.8}$$

Etant donné que la distribution normale maximise l'entropie pour une variance donnée, cette information mutuelle est maximisée quand r est gaussien. Avec :

La matrice de covariance du vecteur complexe reçu r est donnée par:

$$\varepsilon\{r.r^*\} = \varepsilon\{(H.s + v)(H.s + v)^*\}$$

$$\varepsilon\{r.r^*\} = \varepsilon\{H.s.s^* + H^*\} + \varepsilon\{vv^*\}$$

$$\varepsilon\{r.r^*\} = H\sigma_v^2 H^* + K^v$$

$$\varepsilon\{r.r^*\} = K^d + K^v \tag{3.9}$$

Considérons à présent le maximum d'information mutuelle d'un canal MIMO est $I(s,r)$. Cette information mutuelle est maximisée lorsque r suit une distribution gaussienne optimale. On obtient alors:

$$I(s,r) = E(r) - E(v)$$

$$I(s,r) = \log_2[\det(\pi.e(K^d + K^v))] - \log_2[\det(\pi.eK^v)]$$

$$I(s,r) = \log_2[\det((K^d + K^v)(K^v)^{-1})]$$

$$I(s,r) = \log_2[\det(H\sigma_v^2 H^*(K^v)^{-1} + I_{n_R})] \tag{3.10}$$

Quand l'émetteur n'a aucune connaissance de l'état du canal, la distribution de puissance optimale est uniforme:

$$\sigma_v^2 = \frac{p_T}{n_T} I_{n_T} \tag{3.11}$$

Les bruits correspondant à chaque sous-chaîne sont généralement considérés comme décorrélés :

$$K^v = \sigma_v^2 I_{n_R} \tag{3.12}$$

En remplaçant K^v et σ_v^2 par leur expression dans (3.10), la capacité moyenne d'un canal MIMO s'exprime par:

$$C = \varepsilon_H \left\{ \log_2[\det(I_{n_R} + \frac{\rho_R}{n_T} H.H^*] \right\} bits / s / Hz \tag{3.13}$$

L'avantage en capacité des systèmes MIMO est principalement dû à l'exploitation des trajets multiples. Tout d'abord ils permettent au récepteur de différencier les différentes antennes d'émission, et donc d'émettre plusieurs symboles simultanément. Ensuite, chaque trajet est une réplique du signal émis, et est donc porteur d'information utile.

Pour les formules de capacités citées en dessus on a :

– La puissance du bruit notée σ_v^2, est identique sur chaque antenne réceptrice.

– p_R est défini comme la puissance moyenne qui serait reçue sur chaque antenne si un seul émetteur utilisait toute la puissance p_0 (la puissance totale moyenne p_0 émise reste constante).

– Le rapport signal sur bruit moyen « SNR » sur chaque antenne de réception s'exprime par $\rho_R = p_R / \sigma_v^2$ est indépendant de n_T.

La figure suivante présente la variation de la capacité en passant d'un système SIMO à un système MIMO où elle augmente linéairement en fonction de nombre d'antennes à l'émission et à la réception.

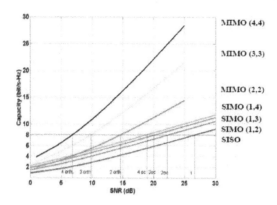

Figure 3.4. Capacité des différents systèmes muli-antennes

3-3-3 : Récepteurs MIMO

Lors d'une transmission multi-antennes, il existe de nombreux types de récepteurs pour récupérer les symboles, parmi lesquels on peut citer [21] :

3-3-3-1 : Récepteur basé sur le critère de forçage à zéro (ZF)

Dans ce type de récepteur, qui est basé sur le critère de forçage à zéro (ZF pour Zero Forcing), on inverse tout simplement la matrice H de canal, il est considéré comme un récepteur linéaire le plus simple à utiliser.

Supposons que H est inversible, le vecteur de symboles estimés de taille $n_T \times 1$ est alors donné par la relation:

$$\hat{s} = H^{-1} r \qquad (3.14)$$

Au cours du récepteur ZF, il y aura une séparation des symboles $(s_i)_{i=1.....n_T}$ transmis dans le même canal. Lorsque H est mal conditionnée, le récepteur ZF donne des résultats corrects pour des SNR élevés, mais pour de faibles SNR le bruit perturbe fortement les performances.

En pratique, si H n'est pas carrée (c'est-à-dire si $n_T \neq n_R$) le récepteur multiplie le signal r à gauche par le pseudo inverse $H^{\mp}$ de la matrice de canal pour récupérer tous les symboles.

Dans ce cas, le vecteur estimé s'écrit:

$$\hat{s} = H^{\mp} r = (H*H)^{-1}.H*r$$

(3.15)

3-3-3-2 : Récepteur qui minimise l'erreur quadratique moyenne (MMSE)

Le récepteur qui minimise l'erreur quadratique moyenne (MMSE pour Minimum Mean Square Error) constitue une excellente alternative. Cet autre récepteur linéaire minimise l'erreur globale due au bruit et à l'interférence mutuelle des signaux transitant par le même canal.

L'erreur quadratique moyenne est donnée par:

$$e_r = \varepsilon\{(s - \hat{s}) * (s - \hat{s})\} \tag{3.16}$$

Dans ce cas, on estime s grâce à la relation:

$$\hat{s} = (\rho/n_T).H*(\sigma^2{}_v.I_{n_R} + (\rho/n_T).H.H*)^{-1} \tag{3.17}$$

Dans laquelle on suppose que $\varepsilon\{s.s*\} = (\rho/n_T).I_{n_T}$ et $\varepsilon\{v.v*\} = \sigma^2{}_v.I_{n_R}$.

Le récepteur MMSE est moins sensible au bruit mais il sépare moins bien les signaux.

Dans le cas d'un SNR élevé ($\sigma^2{}_v \approx 0$) le récepteur MMSE converge vers le récepteur ZF

3-3-3-3 : Récepteur à Maximum de Vraisemblance (MV)

Le récepteur à maximum de vraisemblance est considéré parmi les récepteurs qui apportent les meilleures performances en termes de taux d'erreur binaire TEB. Il est optimal si les vecteurs émis s sont équiprobables. Cependant, ce récepteur possède aussi la plus grande complexité et celle-ci croît exponentiellement avec le nombre d'antennes émettrices et linéairement avec le nombre d'antennes en réception n_R. En supposant un bruit gaussien et un état de canal parfaitement connu côté récepteur, le récepteur MV donne les symboles estimés $\hat{s}$ grâce à la formule suivante:

$$\hat{s} = \arg\min_{s} \|r - H.s\|^2$$

(3.18)

3-3-3-4 : Récepteur V-BLAST (Vertical-Bell Labs Layered Space Time)

Le décodage des signaux multi-antennes est une tâche difficile et particulièrement gourmande en termes de complexité vu le nombre de signaux à traiter en parallèle sur chaque antenne. L'algorithme de décodage optimal basé sur la technique du maximum de vraisemblance présente de ce fait une complexité importante.

La technique V-BLAST [25] est aussi, une méthode optimale de décodage des signaux émis dans un système à antennes multiples qui s'inspire des techniques de réduction d'interférences d'accès multiples.

Le principe de V-BLAST est basé sur "l'annulation des symboles" : la contribution des éléments de s déjà détectés est soustraite du vecteur reçu r, ce qui donne un vecteur reçu contenant moins d'interférences. En utilisant une telle méthode, l'ordre dans lequel les éléments de r sont détectés devient important pour améliorer les performances du système.

3-4. L'association MIMO-OFDM

3-4-1 : L'intérêt de l'association

Une des techniques les plus efficaces pour améliorer l'efficacité spectrale d'une communication radio, est l'utilisation d'antennes multiples à l'émission et à la réception associées à une modulation multi-porteuses [20].

Le coefficient de propagation entre deux antennes se présente par un nombre complexe dans le cas où le modèle de transmission pour les systèmes MIMO est limité à une bande étroite. Si on élargie la bande passante, le canal peut être représenté par un filtre dont le nombre de coefficients dépend de la largeur de la bande considérée. La matrice de canal H devient alors une matrice de vecteurs, chaque vecteur correspondant au filtre entre deux antennes, ce qui complique beaucoup le récepteur MIMO.

Une solution très simple et très efficace consiste à diviser la large bande passante du système en sous bandes étroites indépendantes où un récepteur MIMO travaillant indépendamment dans chaque sous bande.

La division en sous bandes indépendantes est réalisée grâce à la modulation OFDM, solution classique sur les canaux à évanouissements.

Dans ce qui suit, nous considérons un système MIMO où l'émetteur et le récepteur sont munis respectivement de n_T et n_R antennes, utilisant la modulation OFDM.

3-4-2 : Emetteur MIMO-OFDM

Les données à émettre sont démultiplexées en n_T voies indépendantes, pour être émises sur chaque antenne via un modulateur OFDM. Le schéma synoptique d'un émetteur MIMO–OFDM peut être représenté par la figure suivante :

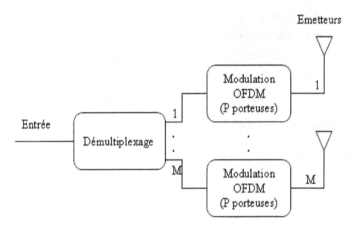

Figure 3.5. Emetteur MIMO–OFDM

3-4-2-1 : Démultiplexage

La chaîne de symboles est démultiplexée en n_T sous-chaînes qui correspondent aux n_T émetteurs. Chaque sous-chaîne passe dans un modulateur OFDM. Si on considère un paquet de $n_T \times P$ symboles et que l'on note $C_{p,k}$ ces symboles, ceux-ci peuvent être placés dans une matrice D de taille $n_T \times P$:

$$D = \begin{pmatrix} C_{p,0} & C_{p,n_T} & \cdots & C_{p,n_T.(P-1)} \\ C_{p,1} & C_{p,n_T+1} & \cdots & C_{p,n_T.(P-1)+1} \\ \cdots & \cdots & \cdots & \cdots \\ C_{p,n_T-1} & C_{p,2.n_T+1} & \cdots & C_{p,n_T.P-1} \end{pmatrix} \tag{3.19}$$

Où chaque ligne correspond aux symboles émis par un émetteur et passe par un modulateur OFDM.

3-4-2-2 : Modulation OFDM

Au niveau de chaque modulateur OFDM, la séquence binaire démultiplexée exécute les différentes étapes de la modulation, déjà décrites dans le deuxième chapitre.

Le signal analogique en sortie du modulateur OFDM est transmis à travers le canal radio qui est caractérisé par sa sélectivité en fréquence, où il se trouve affecté par les atténuations dûes aux réflexions et aux réfractions du signal dans le milieu de propagation.

3-4-3 : Récepteur MIMO-OFDM

Le récepteur détermine les bits qui ont été émis avec la plus faible probabilité d'erreurs. Il essaye tout d'abord de séparer le signal de chaque sous porteuse, antenne par antenne, via n_R démodulateurs OFDM. Pour chaque sous-porteuse, le signal des différentes antennes est démodulé avec un récepteur MIMO classique. Au final les données des P récepteurs MIMO sont démultiplexées dans l'ordre initial.

Le schéma du récepteur peut être représenté par la figure suivante :

Récepteurs

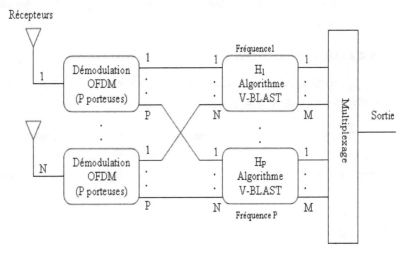

Figure 3.6. Récepteur MIMO – OFDM

Le canal MIMO large bande est modélisé par P matrices H_p de dimension $n_R \times n_T$, chaque matrice correspondant à la réponse du canal pour la fréquence de la $p^{\text{ème}}$ sous porteuse.

3-4-3-1 : Démodulation OFDM

Au niveau de ce bloc, le signal filtré doit passer aussi par les différentes étapes de démodulation présentées dans le chapitre précédent.

3-4-3-2 : Le détecteur V-BLAST

Cet algorithme de détection utilise la non-linéarité et exploite ainsi la synchronisation inhérente au modèle MIMO - OFDM. Le principe est basé sur l'annulation d'interférences, le symbole de l'émetteur le plus favorisé (possédant le meilleur RSB suivant le critère considéré) est démodulé en premier. Sa contribution au vecteur reçu r est ensuite annulée, ce qui augmente le RSB sur les autres émetteurs (à chaque bonne décision). Cette étape est répétée jusqu'au dernier émetteur, le moins favorisé.

L'algorithme de détection en réception se compose principalement en trois parties. Nous allons détailler maintenant ces différentes étapes de la détection.

- Suppression d'interférences :

On suppose que le récepteur a détecté les i-1 premiers x_i. On note que le signal reçu peut s'écrire :

$$y = x_1.h_1 + x_2.h_2 + ... + x_i.h_i + ... + x_N.h_N + n$$

(3.20)

où h_j est défini comme $[h^{1j}, h^{2j}, ..., h^{Nj}]$ et $H=[h_1, h_2, ..., h_N]$. On considère que les *i-1* premières décisions étaient sans erreurs. On peut alors supprimer l'interférence des composantes de *x* On réécrit :

$$y = (\hat{x}_1.h_1 + \hat{x}_2.h_2 + ... + \hat{x}_{i-1}.h_{i-1}) + x_i.h_i + (x_{i+1}.h_{i+1} + ... + x_N.h_N) + n$$

(3.21)

Dans cette expression, la première parenthèse contient seulement les termes correctement détectés ; on les soustrait de *y*. Le résultat est un *n*-D vecteur, on le note u_i.

$$u_i = (x_i.h_i) + (x_{i+1}.h_{i+1} + ... + x_N.h_N) + n$$

soit
$$u_i = y - \sum_{j=1}^{i-1} \hat{x}_j.h_j$$

(3.22)

Considérant maintenant u_i au lieu de *y* on aura :

$$u_i = [00 ... x_i.h_i x_{i+1}.h_{i+1} ... x_N.h_N]^T + n$$
$$= H[00 ... x_i x_{i+1} ... x_N]^T + n$$

Dans chaque étape donc, on traite le vecteur u_i au lieu de *y*.

- Annulation d'interférences :

Cette étape libère le processus de détection x_i des autres symboles transmis simultanément, $x_{i+1}, x_{i+2}, ..., x_N$. Elle peut s'exécuter en choisissant des vecteurs de poids w_i avec $i = 1, 2, ..., N$ tels que :

$$w_i^T . h_j = 0 \quad \text{si} \quad j \neq i$$
$$= 1 \qquad \text{si} \qquad j = i$$

(3.23)

où h_j est la $j^{ème}$ colonne de H.

Si on considère H^+ la matrice pseudo inverse de la matrice du canal H, on peut dire que w_i peut être la $n^{ème}$ ligne de H^+.

En utilisant la relation $y = Hx + n$, la décision pour la $i^{ème}$ couche est :

$$w_i^T . y = w_i^T . (Hx + n)$$
$$= (w_i^T . H)x + w_i^T . n$$

$$(w_i^T . H)x = [00 \ ... \ 1 \ ... \ 0] \begin{bmatrix} x_1 \\ x_2 \\ . \\ . \\ x_i \\ . \\ . \\ x_N \end{bmatrix} = x_i$$

$$w_i^T . y = (w_i^T . H)x + w_i^T . n = x_i + \tilde{n}_i = \tilde{x}_i$$

(3.24)

- Ordre de détection :

En utilisant la suppression d'interférences, l'ordre dans lequel les composants de x sont détectés devient important ; cet ordre influence directement la qualité de la performance globale de décodage.

L'ordre de détection est tel qu'à chaque étape, la séquence avec le meilleur SNR (en fait le meilleur rapport signal sur bruit plus interférence) est détectée la première. De cette façon, la tache de détection à N dimensions est faite en N étapes similaires chacune à une dimension. Ainsi la complexité du récepteur n'augmente que de façon linéaire avec N.

3-4-3-3 : Multiplexage

Enfin, les séquences en sortie de l'algorithme V-BLAST sont ensuite multiplexées selon l'opération inverse de celle employée à l'émission, ce qui permet au destinataire de retrouver l'information binaire initiale.

3-4-4 : Capacité d'un système de transmission MIMO – OFDM

La capacité théorique représente la capacité du canal, calculée par la formule suivante :

$$C = \frac{1}{P}\sum_{p=1}^{P}\Omega_p \qquad (3.25)$$

Où Ω_p représentant la capacité du canal pour la sous porteuse p. Elle est obtenue de la façon suivante :

$$\Omega_p = \eta.\log_2(1+\rho_p) \qquad (3.26)$$

Avec ρ_p le SNR de la sous-porteuse p et le coefficient $\eta = \dfrac{T_u}{T_u + T_g}$, qui tient compte de la perte d'efficacité spectrale dans le temps de garde.

Alors la capacité Ω_p étendue au canal MIMO, peut être exprimée sous la forme suivante:

$$\Omega_p = \eta.\log_2(\det[I_{n_R} + \rho_p.H_p.H_p^*]) \qquad (3.27)$$

3-5. Performances de l'association MIMO – OFDM

L'information binaire n'arrive pas toujours intacte au destinataire, et l'évaluation des performances du système de transmission MIMO - OFDM est nécessaire dans le sens de s'assurer de l'efficacité de cette technique pour les réseaux sans fil.

Alors, ces performances dépendent de très nombreux facteurs, parmi lesquels on peut citer :

- Les caractéristiques du canal, la puissance de l'émetteur, la forme d'onde utilisée ou encore le type de codage.

- Le bruit est le terme générique qui regroupe l'ensemble des perturbations subies par le signal lors de son passage dans le canal de transmission. Afin de mesurer ces perturbations, on appelle donc rapport signal sur bruit SNR le rapport entre la puissance totale du signal émis et la puissance du bruit au niveau du récepteur, dont l'expression est la suivante :

$$SNR = \frac{E_b}{N_0} \ (dB) \tag{3.28}$$

Où E_b représente l'énergie émise par bit, et N_o représente la densité spectrale de puissance de bruit.

- La fréquence à laquelle les erreurs se produisent constitue une bonne indication de la fiabilité de la communication. Pour la quantifier, on définit le Taux d'Erreur Binaire TEB comme le rapport entre le nombre de bits erronés et le nombre total de bits émis, qui s'exprime par :

$$TEB = \frac{Nombre\ de\ bits\ erronés}{Nombre\ de\ bits\ émis} \tag{3.29}$$

- Et le terme de Probabilité d'Erreur Binaire (PEB) indique une estimation de rapport du TEB.
On notera la différence entre PEB et TEB. Au sens statistique, on a PEB = E(TEB). TEB tend vers PEB si le nombre de bits transmis tend vers l'infini.

- L'occupation spectrale du signal émis doit être connue pour utiliser efficacement la bande passante du canal de transmission, qui s'exprime par le paramètre :

$$\eta = \frac{D}{B} \quad (bit\ /\ s\ /\ Hz) \tag{3.30}$$

La valeur D est le « débit binaire » et B est la « largeur de la bande » occupée par le signal modulé.

- Un autre aspect primordial pour juger des performances d'un système de communication réside dans la complexité de l'algorithme de démodulation employé par le récepteur.

3-6. Conclusion

Dans ce chapitre, nous avons présenté les différentes architectures des systèmes multi-antennes, en introduisant les expressions de capacité pour chaque modèle. Dans un second lieu, nous avons proposé les algorithmes de détection les plus courants, associés aux systèmes MIMO. Nous avons décrit par la suite la structure du système de transmission MIMO-OFDM, côté émission et côté réception, tout en précisant l'expression de sa capacité. Finalement, nous avons précisé aussi les différents critères utilisés pour évaluer les performances d'un tel système de transmission. Des simulations réalisées sous ADS sont détaillées dans le chapitre suivant.

Chapitre 4

Simulation d'un système de transmission MIMO-OFDM

1- Introduction
2- Présentation du logiciel de simulation ADS
3- Simulation du système de transmission MIMO-OFDM
4- La performance du système MIMO-OFDM
5- Conclusion

4-1. Introduction

Dans ce présent chapitre nous allons simuler la chaîne de transmission MIMO – OFDM décrite au troisième chapitre, à l'émission et à la réception. L'exécution des différentes étapes de la chaîne est réalisée sous ADS. Nous étudions ensuite la performance du système simulé pour observer la qualité de transmission obtenue.

4-2. Présentation du logiciel de simulation ADS [18]

Le simulateur ADS (*Advanced Design System*) d'Agilent Technologies utilisé dans notre mémoire est un logiciel spécialisé pour la conception automatisée des systèmes électroniques et en particulier de circuit de télécommunications numériques. Ce logiciel permet aussi la simulation, l'optimisation d'un circuit ainsi que le calcul et le dessin. Il offre l'intégration complète de conception aux concepteurs des produits tels que les réseaux sans fil, les téléphones cellulaires, les GPS et les systèmes de communications par satellite de radar.

On remarque que la triple spécialisation en circuiterie haute fréquence (paramètres S, abaques de Smith, disposition de cartes RF, méthodes de calcul par balance harmonique et par enveloppe), en simulation électromagnétique 2D et en traitement numérique du signal, constitue le principal atout de ce logiciel. Il dispose de nombreux modèles de composants haute fréquence actifs et passifs ainsi qu'une riche bibliothèque de systèmes numériques : amplificateurs, filtres, coupleurs, modulateurs, antennes, signaux télévision... Les composants peuvent être modélisés de façon symbolique (*Symbolically Defined Device, SDD*) ou avec des fonctions (*Fonctionnally Defined Device, FDD*). Le système peut être co-simulé, en HF et en numérique avec compatibilité Matlab.

La figure suivante présente le menu principal du logiciel ADS :

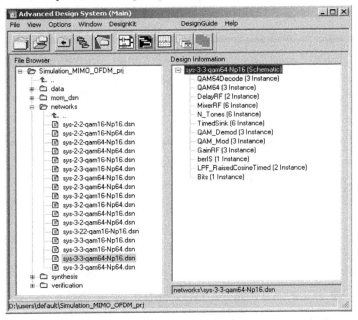

Figure 4.1. Menu principal d'ADS

Un projet sous ADS peut comporter les répertoires suivants :

- networks : schémas et layout
- data : données ou résultats de simulation
- mon_dsn : simulation électromagnétique 2D
- synthesis : conception DSP (*Digital Signal Processing*)
- vérification : pour le layout.

4-3. Simulation du système de transmission MIMO – OFDM

L'objectif de notre travail est de simuler une chaîne de transmission MIMO-OFDM sous le logiciel ADS pour étudier le comportement des signaux OFDM en bande de base émis par plusieurs antennes et reçus simultanément par plusieurs antennes.

Les paramètres utilisés dans cette simulation sont les suivants :

Paramètres	Valeur
Nombre d'antennes à l'émission n_T	2
Nombre d'antennes à la réception n_R	2
Nombre de sous-porteuses N_p	16
Constellations	QAM - 64
Longueur d'intervalle de garde T_g	8 échantillons
Nombre de symboles transmis P	100
Récepteur	V-BLAST
La taille d'IFFT/FFT	32 échantillons
Nombre total d'échantillons par symbole N_{Tot}	40 échantillons
Le temps d'un symbole utile T_u	3,2 μs
La durée de l'intervalle de garde Δ	0,8 μs
La durée d'un symbole OFDM T_s	4,0 μs
Le temps d'échantillonnage $Tstep$	$\dfrac{T_s}{N_{echan\,/\,symbole}} = \dfrac{4\mu s}{40} = 0.1\mu s$
L'espacement entre les porteuses F_s	$\dfrac{1}{T_s} = \dfrac{1}{4\mu s} = 0.25 MHz$

Tableau 4.1. Paramètres utilisés dans la simulation « QAM-64 » et « N_p =16 »

4-3-1 : L'émetteur MIMO – OFDM

Les données à émettre sont démultiplexées en 2 voies indépendantes, pour être émise sur chaque antenne via un modulateur OFDM.

Le schéma d'un émetteur MIMO – OFDM est présenté dans la figure suivante :

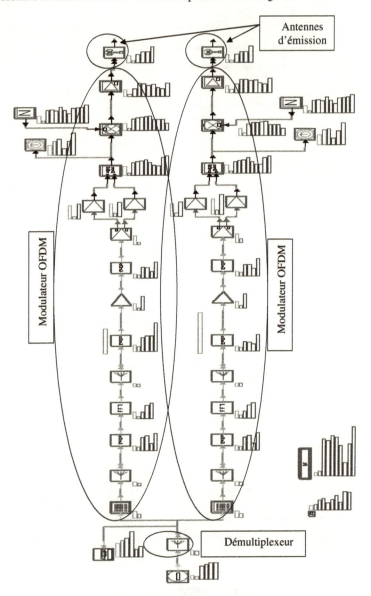

Figure 4.2. Schéma de l'émetteur MIMO-OFDM

Les données binaires à transmettre sont générées par un composant appelé « Bits » (détaillé dans l'annexe) qui permet de produire en sortie une séquence de bits aléatoires.

Les bits en sorties sont ensuite démultiplexées pour être réparti sur 2 voies appliquant sur chacune une modulation OFDM.

A l'entrée de chaque modulateur, les bits sont codés par une modulation MAQ64. Pour ce faire nous utilisons un composant appelé « QAM64 » qui donne comme résultat des états complexes de la forme $C = A + jB$ avec A et B étant les coordonnées des mots binaires représentés chacun sur 6 bits qui sont répartis dans la constellation.

La figure suivante représente la mise en constellation de la modulation MAQ-64 avec les 64 états possibles :

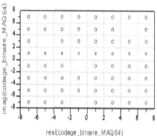

Figure 4.3. Mise en constellation des bits de données à transmettre

Après l'effectuation de la modulation MAQ-64, les symboles à émettre sont répartis sur les 16 porteuses par l'élément « Fork » qui permet de réaliser une conversion S/P du signal.

On utilise ensuite le composant « Chop », qui permet d'écrire des blocs de 32 échantillons dans les 16 premiers sont les sorties du convertisseur, et les 16 derniers sont nulles. Les blocs en sorties servent comme des entrées pour la Transformée de Fourier Inverse Rapide (IFFT), réalisé par l'élément « FTT_Cx ».

Le signal en entrée et en sortie de l'IFFT est donné par la figure suivante :

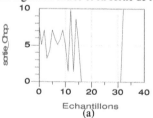 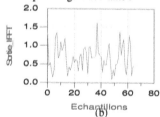

Figure 4.4. Entrée de l'IFFT (a) - Sortie de l'IFFT (b)

A la suite de l'étape d'échantillonnage, et après avoir effectué une conversion Parallèle/Série par le composant « Fork » ; on ajoute un intervalle de garde au signal à transmettre, ceci est réalisé en utilisant l'élément « Chop », qui permet de produire des blocs de 40 échantillons en prenant les 32 échantillons qui sont les sorties de l'IFFT et en insérant ensuite 8 échantillons nulles qui représentent la longueur de l'intervalle de garde utilisé.

La figure suivante montre le principe de l'ajout de l'intervalle de garde :

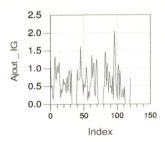

Figure 4.5. L'ajout de l'intervalle de garde dans une modulation OFDM

Après l'addition de l'intervalle de garde, le signal est prêt à être modulé. Nous utilisons pour cela un composant appelé « QAM_Mod » qui est un modulateur MAQ avec un oscillateur interne. Il prend les signaux d'entrées I et Q en bande de base et produit le signal analogique qui sera transmis à travers chaque antenne.

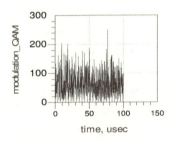

Figure 4.6. Le signal à émettre

Avant l'émission sur chaque antenne, on a utilisé l'élément « N_Tones », considéré comme un oscillateur local délivrant un signal autour de la fréquence de 5 GHz, qui va multiplier le signal modulé. Ensuite on utilise un autre composant qui est un amplificateur non linéaire pour voir ces effets dans un système de transmission MIMO-OFDM comme les distorsions et les perturbations engendrées qui produisent des erreurs de transmission.

Après avoir insérer une antenne fixe représenté par l'élément « AntBase » associé pour chaque émetteur et pour chaque récepteur, nous avons modélisé un canal bruité en insérant une source appelée « Delay » qui consiste à ajouter du bruit au signal et des retards et un bruit blanc additif gaussien avec l'élément « Noise Channel » pour faire apparaître de l'interférence entre symbole sur plusieurs intervalles.

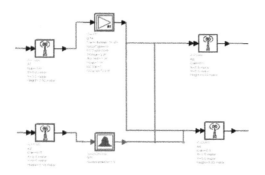

Figure 4.7. Le canal de transmission utilisé dans la simulation

4-3-2 : Le récepteur MIMO – OFDM

Le rôle du récepteur MIMO - OFDM est de restituer les symboles qui ont été transmis par l'émetteur. Pour chaque antenne à la réception, on essaye de séparer le signal de chaque sous porteuse en utilisant un démodulateur OFDM.

Tout d'abord, on remarque que le signal reçu sur chaque antenne est un signal bruité :

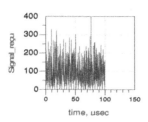

Figure 4.8. Le signal reçu bruité

Le récepteur MIMO-OFDM est donné par la figure suivante :

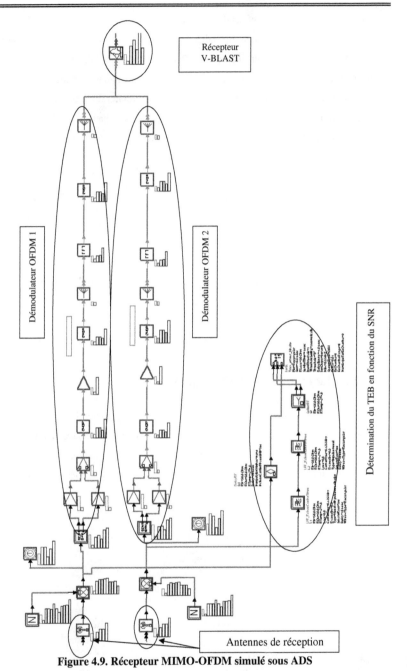

Figure 4.9. Récepteur MIMO-OFDM simulé sous ADS

Pour appliquer la démodulation OFDM sur le signal reçu sur chaque antenne, nous suivons différentes étapes tout en débutant par l'utilisant de l'élément «QAM_Demod », qui est un démodulateur avec oscillateur interne produisant un signal avec porteuse référence utilisé pour démoduler le signal RF. Nous faisons extraire donc les composants en phase et en quadrature I(t) et Q(t).

Nous utilisant ensuite l'élément « Chop » pour supprimer l'intervalle de garde déjà ajouté à l'émission, et ceci en gardant 32 échantillons, et en enlevant les 8 derniers échantillons pour chacun des blocs reçus.

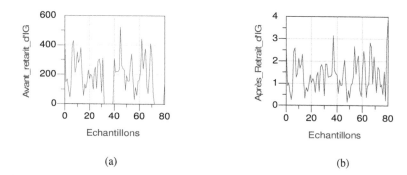

(a)   (b)

Figure 4.10. Avant (a) et après (b) retrait de

l'intervalle de garde

En effet, Après avoir réalisé une conversion série / parallèle nous pouvons réaliser la transformée de Fourier rapide (FFT) en utilisant le composant « FFT_Cx ».

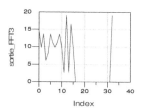

Figure 4.11. Sortie de la FFT

Pour restituer les signaux sur chaque porteuse, nous utilisons l'élément « Chop » qui permet d'élimer les symboles nuls pour récupérer en sortie les 16 signaux sur chaque antenne de réception.

Pour chaque sous porteuse, le signal des différentes antennes est démodulé avec l'algorithme V-BLAST, qui consiste à estimer chaque symbole émis en séquence. A chaque pas de la détection, les symboles déjà détectés sont soustraits du signal reçu r (c'est à dire, supprimés), et les symboles inconnus sont considérés comme de l'interférence (c'est à dire annulés). Pour ce faire, nous intégrons un bloc Matlab sous ADS contenant la programmation des différentes étapes de réception basée sur l'utilisation de l'algorithme de détection V-BLAST.

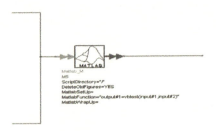

Figure 4.12. Bloc Matlab intégré sous ADS

Ce bloc fait appel à un algorithme de programmation du détecteur V-BLAST qui a été développé sous Matlab dont les instructions sont (l'algorithme complet traité sous Matlab est donné en annexe) :

Soit $S \equiv \{k_1, k_2, ..., k_N\}$ l'ordre optimum de détection

- **Phase d'initialisation :**

$$i = 1$$

$$u_1 = r$$

$$G_1 = H^+$$

$$k_1 = \arg\left\{\min_j \left|(G_1)_j\right|^2\right\}$$ où $(G_1)_j$ est la $j^{\text{ième}}$ ligne de G_1

- **Boucle récursive :**

$$w_{ki} = (G_i)_{ki}$$ avec w_{ki} est un vecteur contenant

le $k_i^{\text{ème}}$ ligne de G_i

$$\widetilde{x}_{ki} = w_{ki}^T . u_{ki}$$

$$\hat{x}_{k1} = Q(\tilde{x}_{k1})$$ où Q(.) désigne la métrique quadratique de

maximum de vraisemblance.

$$u_{i+1} = u_i - \hat{x}_{ki}.(H)_{ki}$$

$$G_{i+1} = H^{+}_{i-1}$$ avec H^{+}_{i-1} est une matrice obtenue en

mettant

les colonnes 1, 2, ..., i - 1 à zéro.

$$k_{i+1} = \arg\left\{ \min_{j \notin \{k1 \ldots \ldots ki\}} \left| (G_{i+1})_j \right|^2 \right\}$$

$$i \leftarrow i + 1$$

Il faut signaler que dans l'algorithme initial présenté ici, l'ordre de détection des symboles doit être recalculé tous les n_T symboles.

Finalement, les symboles détectés après décodage de V-BLAST vont être multiplexées dans l'ordre initial pour être restitué auprès du destinataire.

4-4. La performance du système MIMO - OFDM

L'évaluation de la performance de notre système étudié et simulé est déterminée par la représentation de la variation du taux d'erreur binaire TEB en fonction du rapport signal sur bruit SNR, en utilisant le composant sous ADS appelé « berIS », à la réception.

La courbe montrant cette variation est représentée par la figure suivante :

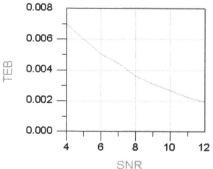

Figure 4.13. Variation du taux d'erreur binaire

en fonction du rapport signal sur bruit

Les valeurs du taux d'erreur binaire pour chaque valeur du rapport signal sur bruit sont données par le tableau suivant :

SNR	TEB
4	0.00697
5	0.00600
6	0.00505
7	0.00442
8	0.00363
9	0.00311
10	0.00270
11	0.00225
12	0.00195

Tableau 4.2. Variation du TEB en fonction du SNR

Le rapport signal sur bruit, exprimé en dB, est le rapport entre l'énergie consommée pour transmettre un bit et la densité spectrale de puissance du bruit gaussien que nous avons ajouté au signal transmis.

Nous remarquons que le taux d'erreur binaire diminue, lorsque le rapport signal sur bruit devient de plus en plus important. Alors, l'augmentation de l'énergie transmise par bit par rapport au bruit, ou la réduction du bruit lui-même durant la transmission, nous permettent de garantir un taux d'erreur binaire faible, ce qui provoque une amélioration considérable de la qualité du signal et restituer par la suite les données numériques initialement émis avec la plus grande probabilité.

4-5. Conclusion

Dans ce chapitre nous avons simulé un système de transmission MIMO-OFDM en commençant tout d'abord par la simulation de l'émetteur. La réception du signal émis est l'étape suivante qui permet de récupérer les symboles initialement émis. Ces symboles reçus ont subi des distorsions et des différentes atténuations dues aux non linéarités des amplificateurs d'émission présents dans les modulateurs OFDM et des retards provoqués par la nature du canal de transmission. Nous apprécions donc la performance de ce système en déterminant la variation du taux d'erreur binaire en fonction du rapport signal sur bruit.

La modification de l'un des paramètres mis en œuvre pour effectuer cette simulation influe sur les performances du système MIMO-OFDM. Nous pouvons donc ajuster le débit et qualité de transmission désirée suivant les exigences de l'application.

Chapitre 5

Amélioration de la performance du système MIMO-OFDM

1- Introduction
2- Paramètres influant sur les performances du système
3- Inconvénient de l'application de la technique V-BLAST
4- Solution proposée
5- Conclusion

5-1. Introduction

Dans ce présent chapitre, nous allons réaliser diverses simulations en modifiant quelques paramètres qui influent directement sur la performance du système MIMO-OFDM étudié. L'utilisation de la technique V-BLAST comme une méthode de réception présente en faite un inconvénient que nous pouvons le dépasser en proposant l'estimation du canal de transmission et améliorant ainsi la performance du système.

5-2. Paramètres influant sur les performances du système

Dans cette partie nous évaluons la performance du système de transmission MIMO-OFDM en variant quelques paramètres comme le nombre d'antennes à l'émission et à la réception, le nombre de sous porteuses et le type de modulation de porteuse choisi pour coder les données numériques à transmettre.

5-2-1 : Variation du nombre d'antennes

Dans un système de transmission MIMO-OFDM, le nombre d'antenne à l'émission et à la réception est considéré comme le facteur le plus important pour pouvoir évaluer la performance d'un tel système. La simulation réalisée pour des différents systèmes de transmission utilisant tout d'abord le même nombre d'antennes à l'émission et à la réception ($n_T = n_R$) est donnée par la figure (**5.1**).

Pour les 3 systèmes MIMO-OFDM simulés, nous utilisons un modulateur OFDM sur chaque antenne d'émission avec 16 sous porteuses et une modulation MAQ-64 pour le codage binaire.

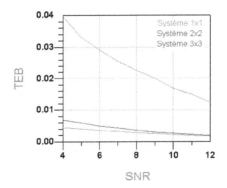

Figure 5.1. TEB en fonction du SNR pour les systèmes 1x1, 2x2 et 3x3

avec Np=16 et MAQ-64

Les valeurs du taux d'erreurs binaires TEB des différents systèmes de transmission simulés pour chaque valeur du rapport signal sur bruit SNR sont représentées dans le tableau (**5.1**).

Nous remarquons bien clairement la net diminution du taux d'erreurs binaires en passant d'un système 1x1 au système 2x2 et au système 3x3 donc nous pouvons dire que l'augmentation du nombres d'antennes nous permet d'améliorer la qualité de transmission et ceci montre bien l'apport de la diversité spatiale utilisée par la technique d'antennes multiples.

SNR	TEB (Système 1x1)	TEB (Système 2x2)	TEB (Système 3x3)
4	0.03975	0.00697	0.00456
5	0.03304	0.00600	0.00409
6	0.02912	0.00505	0.00367
7	0.02546	0.00442	0.00332
8	0.02248	0.00363	0.00296
9	0.01997	0.00311	0.00262
10	0.01683	0.00270	0.00232
11	0.01493	0.00225	0.00207
12	0.01246	0.00195	0.00187

Tableau 5.1. Variation du TEB en fonction du SNR pour les systèmes 1x1, 2x2 et 3x3 avec Np=16 et MAQ-64

Une deuxième simulation consiste à varier la différence entre le nombre d'antennes à l'émission et à la réception. Pour cela nous avons simulé divers systèmes de transmission essentiellement le système 2x2, 2x3 et finalement 2x4. Le résultat de cette simulation est représenté par la figure suivante :

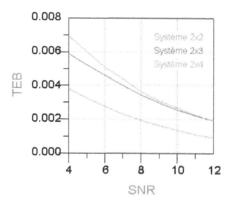

Figure 5.2. TEB en fonction du SNR pour les systèmes 2x2, 2x3 et 2x4

avec Np=16 et MAQ-64

Nous indiquons les valeurs du taux d'erreur binaire pour chaque valeur du rapport signal sur bruit dans le tableau **(5.2)** :

SNR	TEB (Système 2x2)	TEB (Système 2x3)	TEB (Système 2x4)
4	0.00697	0.00591	0.00382
5	0.00600	0.00523	0.00326
6	0.00505	0.00459	0.00276
7	0.00442	0.00399	0.00233
8	0.00363	0.00345	0.00196
9	0.00311	0.00298	0.00164
10	0.00270	0.00258	0.00136
11	0.00225	0.00222	0.00112
12	0.00195	0.00195	0.00091

Tableau 5.2. Variation du TEB en fonction du SNR pour les systèmes 2x2, 2x3 et 2x4
avec Np=16 et MAQ-64

La performance du système de transmission MIMO-OFDM basé sur la technique de détection V-BLAST dépend considérablement de la différence entre le nombre d'antennes en émission et en réception ($n_R - n_T$). Cela est déterminé à partir de cette dernière simulation où nous constatons une nette amélioration de la performance puisque le taux d'erreur binaire diminue en passant d'un système de transmission 2x2 à 2x3 puis à 2x4.

5-2-2 : Variation du nombre de sous porteuses

Le système MIMO-OFDM simulé dans le chapitre précédent utilise 16 sous porteuses. Nous allons passer maintenant à 64 sous porteuses pour voir l'influence de ce paramètre sur la performance du système. La figure **(5.3)** montre la variation du taux d'erreur binaire en fonction du rapport signal sur bruit pour un système de transmission utilisant 2 antennes à l'émission et 2 antennes à la réception, une modulation MAQ-64 et une fois 16 sous porteuses et autre fois 64 sous porteuses.

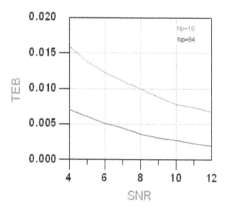

Figure 5.3. TEB en fonction du SNR pour Np=16 et Np=64

pour le système 2x2 et MAQ-64

Le tableau suivant donne les valeurs du taux d'erreurs binaires des différents systèmes dont le nombre de sous porteuses est respectivement 64 et 16 en fonction du rapport signal sur bruit.

SNR	TEB (Np=64)	TEB (Np=16)
4	0.00697	0.01588
5	0.00600	0.01379
6	0.00505	0.01223
7	0.00442	0.01111
8	0.00363	0.00992
9	0.00311	0.00879
10	0.00270	0.00781
11	0.00225	0.00732
12	0.00195	0.00670

Tableau 5.3. Variation du TEB en fonction du SNR pour Np=16 et Np=64 pour le système 2x2 et MAQ-64

Nous remarquons bien que la qualité de transmission avec un système utilisant 64 sous porteuses est plus meilleure et le débit de transmission est plus élevé qu'avec un système de 16 sous porteuses. Mais l'augmentation du nombre de sous-porteuses présente certains désavantages. Tout d'abord, un délai plus important et une complexité plus élevée pour la paire IFFT/FFT. Ensuite, l'estimation de canal est plus complexe. Enfin, la durée symbole étant proportionnelle au nombre de sous-porteuses, elle peut devenir significative par rapport au temps de cohérence du canal.

5-2-3 : Variation de la taille de constellation

Les simulations réalisées jusqu'à présent utilisent la modulation MAQ-64 pour le codage des données numériques à transmettre lors de l'application de la modulation OFDM. Chaque sortie de ce modulateur d'amplitude en quadrature est codée sur 6 bits.

Avec une modulation MAQ-16, le codage des informations est réalisé sur 4 bits par chaque sous porteuse. La simulation suivante considère un système de transmission MIMO-OFDM mettant en place une modulation MAQ-16.

Le tableau suivant contient les valeurs du taux d'erreur binaire pour les différentes valeurs du rapport signal sur bruit obtenues à partir de la simulation de deux différents systèmes MIMO-OFDM utilisant une modulation MAQ-16 et aussi une modulation MAQ-64.

SNR	TEB (MAQ-16)	TEB (MAQ-64)
4	0.00967	0.02354
5	0.00828	0.02101
6	0.00758	0.01856
7	0.00676	0.01634
8	0.00599	0.01361
9	0.00547	0.01223
10	0.00481	0.01127
11	0.00427	0.01005
12	0.00379	0.00857

Tableau 5.4. Variation du TEB en fonction du SNR pour MAQ-16 et MAQ-64 pour le système 3x3 et Np=64

La représentation graphique de ce tableau est la suivante :

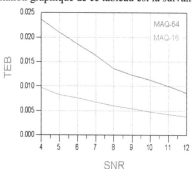

Figure 5.4. TEB en fonction du SNR pour MAQ-16 et MAQ-64

pour le système 3x3 et Np=64

La modulation de la porteuse permet de choisir le nombre de bits par porteuse utilisé pour coder les données binaires d'entrées. Plus ce nombre est élevé, plus le débit est important.

L'augmentation du nombre d'états réduit la distance entre symboles adjacents sur la constellation. Plus ce nombre d'états est petit, plus cette distance est grande et plus la probabilité d'erreur sera faible et cela améliore naturellement les performances du système.

La figure **(5.4)** montre bien que la qualité de transmission d'une chaîne MIMO-OFDM est plus meilleure avec l'utilisation d'une modulation MAQ-16 qu'avec l'utilisation d'une modulation MAQ-64.

5-3. Inconvénient de l'application de la technique V-BLAST

La technique de détection V-BLAST permet d'améliorer nettement les performances du récepteur sans trop augmenter sa charge de calcul mais par contre le majeur inconvénient de cet algorithme réside dans le faite que la détection erronée du premier symbole peut engendrer une propagation d'erreur sur les décisions des autres symboles.

Pour analyser de près ce problème, nous avons simulé un système MIMO-OFDM utilisant 2 antennes à l'émission, 2 antennes à la réception, 16 sous porteuses et une modulation MAQ-64. D'après ce schéma, l'algorithme V-BLAST calcule le rapport signal sur bruit sur les différentes antennes d'émissions et il commence par démoduler le signal émis sur l'antenne 2 puisqu'il présente le meilleur SNR puis il termine par la démodulation du signal émis sur l'antenne 1.

Si on joue sur l'ordre de détection des symboles émis, les performances du système de transmission MIMO-OFDM diminuent et le taux d'erreur binaire devient de plus en plus mauvais dû à la propagation d'erreur produite lors de la mauvaise estimation du meilleur rapport signal sur bruit des symboles issus des différentes antennes d'émission.

Le résultat de cette simulation est représenté par la figure suivante :

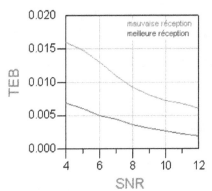

Figure 5.5. Meilleure et mauvaise détection

Le tableau (**5.5**) indique les valeurs du taux d'erreur binaire des deux systèmes simulés avec une bonne et mauvaise détection pour des différentes valeurs du rapport signal sur bruit.

SNR	TEB (bonne détection)	TEB (mauvaise détection)
4	0.00697	0.01602
5	0.00600	0.01483
6	0.00505	0.01299
7	0.00442	0.01088
8	0.00363	0.00924
9	0.00311	0.00801
10	0.00270	0.00720
11	0.00225	0.00675
12	0.00195	0.00605

Tableau 5.5. Valeurs du TEB des deux systèmes simulés pour différentes valeurs du SNR.

5-4. Solution proposée

Une des solutions prouvées pour contourner le problème de propagation d'erreurs suite à une mauvaise détermination de l'ordre optimal de détection dans un système de transmission MIMO-OFDM utilisant un récepteur V-BLAST et améliorer ainsi la performance de transmission est d'encourager la classification des signaux suivant le critère de rapport signal sur bruit SNR.

Cette classification peut être réalisée si nous possédons des informations sur l'état du canal de transmission utilisé. Nous avons besoin donc d'estimer les caractéristiques de ce canal afin d'avoir une connaissance parfaite qui nous aidera à faire un bon ordonnancement que l'on compare par la suite avec l'ordre de détection déjà déterminé par le récepteur V-BLAST. De cette manière on sera très certain qu'il n'aura pas d'erreurs de détection.

La figure suivante illustre le principe de l'utilisation d'un estimateur de canal dans un récepteur MIMO-OFDM basé sur l'algorithme de détection V-BLAST.

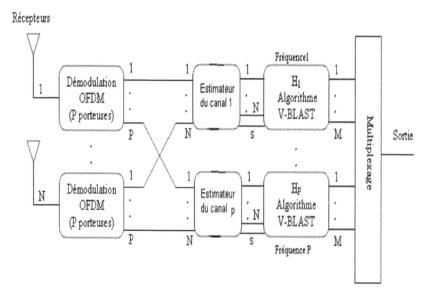

Figure 5.6. Récepteur MIMO-OFDM utilisant des estimateurs du canal

Dans le récepteur MIMO-OFDM modifié, nous avons appliqué une démodulation OFDM sur chaque antenne de réception pour séparer le signal de chaque sous porteuse utilisée dans notre système de transmission.

Pour chaque sous porteuse, le signal des différentes antennes est utilisé pour estimer le canal de transmission. Pour cela, nous remarquons à partir de la figure (**5.6**) que nous avons intégré p estimateurs du canal pour avoir des informations sur l'état du canal pour les différentes fréquences de p sous porteuses.

Un canal MIMO (n_T, n_R) requiert l'estimation de $n_T * n_R$ sous canaux pour chaque sous porteuse. En plus de ce nombre élevé, la difficulté réside dans les interférences entre les différents symboles émis par les n_T antennes d'émission.

Une solution consiste à estimer successivement les canaux émanant des différentes antennes d'émission. Les n_R canaux relatifs à une antenne d'émission sont estimés en envoyant une séquence pilote à partir de cette antenne alors que les autres antennes d'émission ne transmettent rien. Cette approche présente plusieurs désavantages puisque l'efficacité diminue si le nombre d'antenne d'émission augmente, ce qui nécessiterait de faire la synchronisation à plusieurs reprises. Ceux-ci nous ramène donc à proposer une solution permettant d'envoyer des blocs pilotes OFDM de façon simultanée à partir de n_T antennes d'émission mais en ne modulant que certaines sous porteuses. La figure suivante décrit un exemple d'utilisation des symboles pilotes.

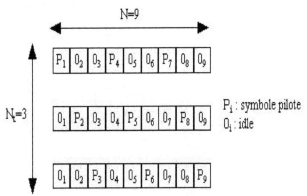

Figure 5.7. Estimation du canal par des symboles pilotes

pour un système à trois antennes d'émission

Dans le système considérant n_T =3, chaque antenne d'émission ne module qu'une seule porteuse sur trois. Le grand avantage de cette approche réside sur le faite que si l'orthogonalité entre les sous porteuses est bien respectée alors le système ne souffre plus d'interférence.

Nous allons maintenant simuler un système de transmission MIMO-OFDM basé sur l'algorithme de détection V-BLAST. Nous intégrons également des estimateurs de canal pour pouvoir améliorer la performance du système et battre efficacement le problème de propagation d'erreurs lors d'une mauvaise détermination de l'ordre optimal de détection présente dans le récepteur V-BLAST.

Les estimateurs sont présentés dans la simulation sous ADS par des blocs Matlab dont les entrées du programme sont les signaux de chaque sous porteuse issues des différentes antennes de réception alors que les sorties sont les mêmes entrées plus les informations concernant l'état du canal qui sont décrits sous forme d'un vecteur contenant la classification des signaux issus des différentes antennes d'émission obtenu suivant le meilleur rapport signal sur bruit utilisées également pour vérifier l'ordre de détection calculé par l'algorithme   V-BLAST.

L'implémentation des estimateurs de canal sous ADS est représentée par la figure suivante :

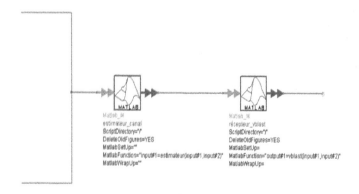

Figure 5.8. Implémentation des estimateurs de canal dans le système MIMO-OFDM

La figure suivante montre l'amélioration apportée par l'utilisation des estimateurs des canaux. Nous remarquons bien évidement une diminution du taux d'erreurs binaire puisque nous avons éliminé la probabilité d'erreur en vérifiant l'ordre de détection déterminé par l'algorithme V-BLAST par le vecteur S déterminé à partir du programme de l'estimateur.

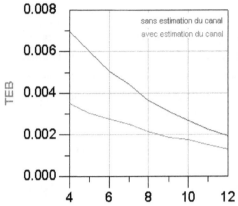

Figure 5.9. L'amélioration apportée par l'utilisation des estimateurs

Le tableau suivant illustre les valeurs du taux d'erreur binaire des deux systèmes simulés avec et sans l'utilisation des estimateurs du canal pour des différentes valeurs du rapport signal sur bruit.

SNR	TEB (sans estimation)	TEB (avec estimation)
4	0.00697	0.00351
5	0.00600	0.00304
6	0.00505	0.00275
7	0.00442	0.00252
8	0.00363	0.00216
9	0.00311	0.00187
10	0.00270	0.00177
11	0.00225	0.00152
12	0.00195	0.00133

Tableau 5.6. Valeurs du TEB des deux systèmes simulés avec et sans estimation du canal pour différentes valeurs du SNR.

5-5. Conclusion

Nous avons montré dans ce chapitre que la modification de certains paramètres comme la variation de nombre d'antennes à l'émission et à la réception, le nombre de sous porteuses et la taille de constellation influe bien évidement sur la performance du système de transmission MIMO-OFDM. En plus, le majeur inconvénient de l'utilisation du récepteur V-BLAST est la propagation d'erreurs lors d'une mauvaise détermination de l'ordre optimal de détection. Nous proposons pour cela la nécessité de classifier les signaux en se basant sur des informations sur l'état du canal de transmission à partir de l'estimation des paramètres caractéristiques de ce canal.

Conclusion Générale

Les systèmes multi antennes MIMO, et notamment les systèmes basés sur le multiplexage spatial, telle l'architecture BLAST développée par les laboratoires Bell doivent cependant respecter bon nombre de contraintes, dont la bande étroite reste la principale. Afin de surmonter ce handicap et d'étendre les possibilités de BLAST, nous avons étudié l'association avec la modulation OFDM. Cette modulation multi porteuses permet en effet de diviser une grande bande de fréquence en de multiples sous bandes contiguës et orthogonales entre elles, évitant ainsi l'interférence entre symboles et autorisant l'utilisation de l'algorithme BLAST initial dans chaque sous-porteuse. L'architecture d'un tel système est largement détaillée, et pour valider le procédé, des simulations sont réalisés sous le logiciel ADS. L'association MIMO-OFDM devrait plaire à nombre d'industriels, qui pourraient y voir entre autre le moyen de supplanter les technologies d'accès multiples actuelles, essentiellement basées sur le CDMA.

Le majeur inconvénient de l'utilisation de la technique de détection V-BLAST est la propagation d'erreurs lors d'une mauvaise détermination de l'ordre optimal de détection des signaux. Ce problème peut être dépassé en effectuant une estimation du canal de transmission afin de faire une classification de ces signaux pour éliminer toute possibilité d'erreurs.

Autre solution actuellement étudiée est d'utiliser des codes spatio-temporels en blocs ou en treillis dans le système de transmission MIMO-OFDM basé sur l'algorithme de détection V-BLAST.

Liste des abréviations

ADS	Advanced Design System
ADSL	Asymetric Digital Subscriber Line
ASK	Amplitude Shift Keying
BPSK	Binary Phase Shift Keying
DAB	Digital Audio Broadcasting
DSP	Digital Signal Processing
DVB	Digital Audio Broadcasting
DVB – T	Digital Video Broadcasting -Terrestrial
ETSI	European Telecommunication Standard Institute BRAN High
BRAN	Performance Radio Local Area Ntework
HiperLAN2	
EQMM	Erreur Quadratique Moyenne Minimale
FDD	Fonctionnally Defined Device
FFT	Fast Fourier Transform
IF	Intermediate Frequency
FSK	Frequency Shift Keying
GPS	General Packet Service
HF	High Frequency
IFFT	Inverse Fast Fourier Transform
MIMO	Multiple Input Multiple Output
MISO	Multiple Input Single Output
MV	Maximum de Vraisemblance
OFDM	Orthogonal Frequency Division Multiplexing
OOK	On Off Keying
PEB	Probabilité d'Erreur Binaire
PSK	Phase Shift Keying
QAM	Quadrature Amplitude modulation
QPSK	Quadrature Phase Shift Keying
RF	Radio Frequency

RFFE	Radio Frequency Front-End
SDD	Symbolically Defined Device
SIMO	Single Input Multiple Output
SNR	Signal Noise Ratio
TEB	Taux d'Erreur Binaire
V-BLAST	Vertical-Bell Labs Layered Space Time
xDSL	x Digital Subscriber Line
ZF	Zero Forcing

Bibliographie

[1] **Mühlethaler Paul,** 802.11 et les réseaux sans fil, EYROLLES, Paris, 2002.

[2] **Samet Abdelaziz,** Transmission d'un signal numérique par modulation d'une porteuse, support du cours, INSAT, 2003.

[3] **Dupret A., Fischer A.,** Modulations Numériques & Multiplexage des signaux, support du cours, Télécoms et réseaux, Université Paris XIII.

[4] **Moulin Fabienne,** Etude de l'impact des bruits impulsifs sur la qualité de transmission d'une liaison ADSL, Thèse de doctorat, Electronique, Institut National des Sciences Appliquées de Rennes, 2002.

[5] **Kadionik Patrice,** Bases de transmissions numériques : Modulations numériques, support du cours, Ecole Nationale Supérieure : Electroniques, Informatiques & Radiocommunications, Bordeaux, 2000.

[6] **Tertois Sylvain,** Réduction des effets des non-linéarités dans une modulation multi porteuses à l'aide de réseaux de neurones", Thèse de doctorat, Université de Rennes 1, 2003.

[7] **Stott Jonathan,** le pourquoi et le comment du COFDM, Revue technique, Janvier 1999.

[8] Collectif d'auteurs sous la direction de **Geneviève Baudoin,** Radiocommunications numériques/1 : Principes, modélisation et simulation, DUNOD, Paris, 2002.

[9] **Grimaud Luc,** DVB-T : principe de fonctionnement, Perspectives d'implémentation en France et Etat de développement actuel des récepteurs, Décembre 2000.

[10] **Jelili Mohamed Sofien,** Simulation d'une chaîne de transmission numérique (application DVB-T), Mémoire de projet de fin d'études, ENIT, 2001.

[11] Wireless Networking Design Seminar DesignGuide, Simulation of OFDM impairments using ADS WLAN 802.11a Design Library and DesignGuide, Document technique, Agilent Technologies, Novembre 2001.

[12] **Chia-Sheng Peng,** WLAN 802.11a OFDM Transceiver: Algorithm, Architecture and Simulation Result, Novembre 2002.

[13] **Tlili Fethi,** Performances de transmissions multiporteuses en communication avec les mobiles, Thèse de Doctorat, Ecole Nationale d'Ingénieurs de Tunis, Mars 2000.

[14] **Lawrey Eric,** The suitability of OFDM as a modulation technique for wireless telecommunications, with a CDMA comparison, Thèse de doctorat, Université de James Cook, Octobre 1997.

[15] **Stephan Baro, Gerhard Bauch, Aneta Pavlic, Andreas Semmler**, Improving BLAST Performance using Space-Time Block Codes and Turbo Decoding, Munich University of Technology.

[16] **Enrique Ulffe Whu**, Co-Channel Interference cancellation for MIMO OFDM VBLAST systems

[17] **Luis Miguel Bazdresch Sierra**, Complexité et performance des récepteurs MIMO, Ecole Nationale Supérieure des Télécommunications, E.N.S.T.

[18] **Andreas Constantinides, Assaf Shacham**, MIMO Wireless Systems, May 14, 2004.

[19] **Jonathan Duplicy**, Etude d'un réseau WLAN à base de MIMO-OFDM et de beamforming adaptatif conjoint, Université catholique de Louvain, Laboratoire de Télécommunications et Télédétection, Juin 2003.

[20] **Leila AZIZI**, Contribution à l'étude des systèmes de transmission multi antennes (codage spatio-temporel) et des turbo codes associés à des modulations à haute efficacité spectrale, Thèse de doctorat, Université de LIMOGES, 23 Avril 2004.

[21] **Ludovic COLLIN**, Optimisation de systèmes multi-antennes basée sur la distance minimale, Thèse de doctorat, Université de Bretagne Occidentale, Décembre 2002.

[22] **Philippe GUGUEN**, Techniques multi-antennes émission - réception - Applications aux réseaux domestiques sans fil, Thèse de doctorat, Institut National des Sciences Appliquées de Rennes, Janvier 2003.

[23] **Ludovic Collin, Philippe Rostaing, Olivier Berder et Gilles Burel**, Application de l'estimateur de Julier et Uhlmann à l'évaluation rapide du Taux Erreur Bit dans un système de transmission MIMO/OFDM, GRETSI, Septembre 10-13, 2001, Toulouse, France.

[24] **Olivier BERDER**, Optimisation et stratégies d'allocation de puissance des systèmes de transmission multi-antennes, Thèse de doctorat, Université de Bretagne Occidentale, Décembre 2002.

[25] **O. Berder, L. Collin, G. Burel et P. Rostaing**. Digital Transmissions Combining BLAST and OFDM Concepts: Experimentation on the UHF COST 207 Channel. Proceedings of IEEE Global Telecommunications Conference (Globecom), vol. 1, pp. 141-145, San Antonio (TX), USA, novembre 2001.

[26] **R. U. Nabar, D. Gore, and A. J. Paulraj**. Optimal selection and use of transmit antennas in wireless systems. In Proceedings of the International Conference on Telecommunications (ICT), Acapulco, Mexico, May 22-25 2000.

[27] **Muhammad Imadur Rahman, Suvra Sekhar Das, Frank H.P. Fitzek,** OFDM Based WLAN Systems, Technical Report, Aalborg University, Février 2005.

Annexe

Les composants du logiciel ADS

Les composants du logiciel de conception ADS utilisés dans les simulations sont :

Composant	*Rôle*
11010 Bits B1 Type=Random ProbOfZero=0.5 LFSR_Length=12 LFSR_InitState=1	« Bits » : Il génère des séquences binaires aléatoires ou pseudo aléatoires
QAM16 Q7	« QAM16 » : C'est un modulateur d'amplitude en quadrature à 16 états, il produit pour chaque 4 bits en entrée un état complexe en sortie.
Fork F1	« Fork » : Cet élément est utilisé comme un convertisseur série / parallèle. Il relie un port de sortie d'un composant pour multiplier des ports d'entrées d'autres composants.
CHOP Chop C10 nRead=64 nWrite=128 Offset=0 UsePastInputs=NO	« Chop » : Sur chaque exécution, ce composant lit un bloc d'éléments de données du nRead et les écrit à la sortie avec la compensation donné (Offset). Le nombre d'éléments de données écrit est donné par nWrite. Le bloc mémoire de sortie contient la totalité ou une partie du bloc d'entrée, selon la compensation et nWrite.
FFT FFT_Cx F7 Order=7 Size=128 Direction=Inverse	« FFT_Cx » : Ce composant réalise la transformée de Fourier rapide d'une entrée complexe. La taille de FFT est de 2^{order}, la direction peut être soit directe soit inverse.

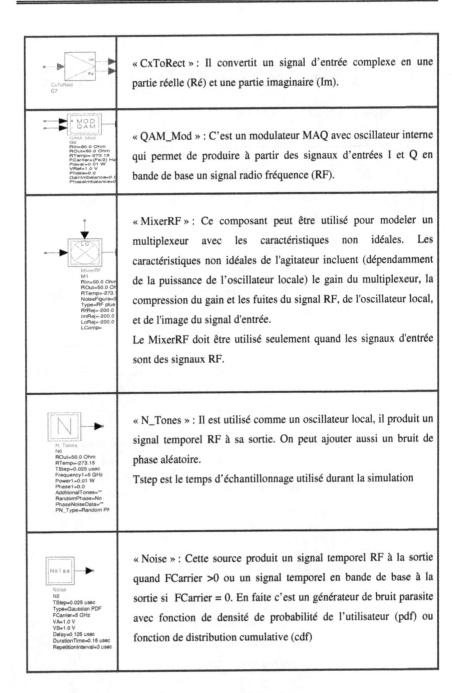

CxToRect C7	« CxToRect » : Il convertit un signal d'entrée complexe en une partie réelle (Ré) et une partie imaginaire (Im).
MOD QAM QAM_Mod Q9 Rln=50.0 Ohm ROut=50.0 Ohm RTemp=273.15 FCarrier=(Fs/2) Hz Power=0.01 W VRefs=1.0 V Phase=0.0 Gainimbalance=0.0 Phaseimbalance=0	« QAM_Mod » : C'est un modulateur MAQ avec oscillateur interne qui permet de produire à partir des signaux d'entrées I et Q en bande de base un signal radio fréquence (RF).
MixerRF M1 Rln=50.0 Ohm ROut=50.0 Oh RTemp=273.1 NoiseFigure=0 Type=RF plus RfRej=-200.0 ImRej=-200.0 LoRej=-200.0 LComp=	« MixerRF » : Ce composant peut être utilisé pour modeler un multiplexeur avec les caractéristiques non idéales. Les caractéristiques non idéales de l'agitateur incluent (dépendamment de la puissance de l'oscillateur locale) le gain du multiplexeur, la compression du gain et les fuites du signal RF, de l'oscillateur local, et de l'image du signal d'entrée. Le MixerRF doit être utilisé seulement quand les signaux d'entrée sont des signaux RF.
N N_Tones N6 ROut=50.0 Ohm RTemp=273.15 TStep=0.025 usec Frequency1=5 GHz Power1=0.01 W Phase1=0.0 AdditionalTones="" RandomPhase=No PhaseNoiseData="" PN_Type=Random Ph	« N_Tones » : Il est utilisé comme un oscillateur local, il produit un signal temporel RF à sa sortie. On peut ajouter aussi un bruit de phase aléatoire. Tstep est le temps d'échantillonnage utilisé durant la simulation
Noise Noise N8 TStep=0.025 usec Type=Gaussian PDF FCarrier=5 GHz VA=1.0 V VB=1.0 V Delay=0.125 usec DurationTime=0.15 usec Repetitioninterval=3 usec	« Noise » : Cette source produit un signal temporel RF à la sortie quand FCarrier >0 ou un signal temporel en bande de base à la sortie si FCarrier = 0. En faite c'est un générateur de bruit parasite avec fonction de densité de probabilité de l'utilisateur (pdf) ou fonction de distribution cumulative (cdf)

GainRF G5 Gain=0.9 NoiseFigure=0 GCType=none TOIout=3 W dBc1out=1 W PSat=1 W GCSat=1 GComp="0 0 0"	« GainRF » : GainRF peut être utilisé pour modeler un amplificateur avec compression du gain non linéaire.
DEM QAM QAM_Demod Q3 RefFreq=-1 Sensitivity=1 Phase=0 GainImbalance=0 PhaseImbalance=0	« QAM_Demod » : C'est un démodulateur avec oscillateur interne, il produit un signal avec porteuse référence utilisé pour démoduler le signal RF. On fait extraire donc les composants en phase et en quadrature I(t) et Q(t). Avec RefFreq = -1, la synchronisation de fréquence de l'oscillateur interne au signal d'entrée est exécutée
Im Re RectToCx R1	« RectToCx » : Ce composant convertit les entrées réelles (Ré) et imaginaires (Im) en une sortie complexe.
Decode QAM16Decode Q8	« QAM16Decode » : Cet élément décode le signal d'entrée dans une suite binaire à la sortie. Il est supposé que le signal d'entrée a été codé en utilisant le composant QAM16. Pour chaque valeur de l'entrée, 4 bits sont écrits à la sortie.
123 Numeric NumericSink codage_binaire_MAQ16 Plot=Rectangular ControlSimulation=YES Start=0 Stop=160	« NumericSink » : NumericSink rassemble les données à la sortie du composant où il est connecté. Quand ce composant est numérique, les données rassemblées sont de la forme d'indice contre valeur de donnée (de la forme de nombre réel ou nombre complexe).
T TimedSink signal_a_emettre Plot=Rectangular Start=0 Stop=100 usec ControlSimulation=YES	« TimedSink » : Il rassemble les données temporels, en bande de base ou les données à enveloppes complexes. Il représente ces données en fonction du temps.

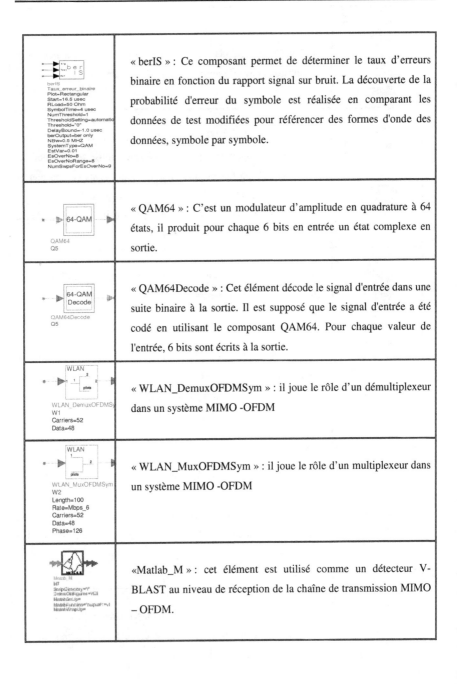

berIS Taux_erreur_binaire Plot=Rectangular Start=16.5 usec RLoad=50 Ohm SymbolTime=4 usec NumThreshold=1 ThresholdSetting=automatic Threshold="0" DelayBound=-1.0 usec berOutput=ber only NBw=0.5 MHZ SystemType=QAM EstVar=0.01 EsOverNo=8 EsOverNoRange=8 NumSwpsForEsOverNo=9	« berIS » : Ce composant permet de déterminer le taux d'erreurs binaire en fonction du rapport signal sur bruit. La découverte de la probabilité d'erreur du symbole est réalisée en comparant les données de test modifiées pour référencer des formes d'onde des données, symbole par symbole.
QAM64 Q5	« QAM64 » : C'est un modulateur d'amplitude en quadrature à 64 états, il produit pour chaque 6 bits en entrée un état complexe en sortie.
QAM64Decode Q5	« QAM64Decode » : Cet élément décode le signal d'entrée dans une suite binaire à la sortie. Il est supposé que le signal d'entrée a été codé en utilisant le composant QAM64. Pour chaque valeur de l'entrée, 6 bits sont écrits à la sortie.
WLAN_DemuxOFDMSy W1 Carriers=52 Data=48	« WLAN_DemuxOFDMSym » : il joue le rôle d'un démultiplexeur dans un système MIMO -OFDM
WLAN_MuxOFDMSym W2 Length=100 Rate=Mbps_6 Carriers=52 Data=48 Phase=126	« WLAN_MuxOFDMSym » : il joue le rôle d'un multiplexeur dans un système MIMO -OFDM
Matlab_M M1	«Matlab_M » : cet élément est utilisé comme un détecteur V-BLAST au niveau de réception de la chaîne de transmission MIMO – OFDM.